Sabine Kühn

Pendeln für Einsteiger

PENDELN
FÜR EINSTEIGER

Pendel & Tensor

Sabine Kühn

SILBERSCHNUR VERLAG

Hinweis

Weder der Verlag noch die Autorin übernehmen eine Haftung für eventuelle Nachteile oder auftretende Schäden durch die Übungen und Hinweise in diesem Buch. Alle Übungen und Hinweise sind nach bestem Wissen und Gewissen erarbeitet worden und ersetzen nicht die Behandlung oder Beratung bei einem Arzt, Therapeuten oder Heilpraktiker!

ISBN: 978-3-89845-449-0

1. Auflage 2014 3. Auflage 2018 5. Auflage 2022
2. Auflage 2016 4. Auflage 2021 6. Auflage 2024

Gestaltung & Satz: XPresentation, Güllesheim
Umschlaggestaltung: XPresentation, Güllesheim; unter Verwendung verschiedener Motive von www.fotolia.de
Druck: Finidr, s.r.o. Cesky Tesin

Verlag »Die Silberschnur« GmbH · Steinstr. 1 · 56593 Güllesheim
www.silberschnur.de · E-Mail: info@silberschnur.de

Inhalt

Wichtiger Hinweis

Sollten Sie der Versuchung nicht widerstehen können, direkt mit der Pendelarbeit zu beginnen, bevor Sie die Einleitung gelesen haben, möchte ich Sie schon an dieser Stelle bitten, diesen Fehler nicht zu machen – auch wenn die Neugier groß ist und Sie viele Fragen haben, deren Lösung Sie sich mithilfe der Testlisten in diesem Buch herbeisehnen. Ab dem Kapitel "Auswahl des Pendels" finden Sie so viele wichtige Informationen, die Ihnen helfen, gute Pendel-/Testergebnisse zu erzielen, dass es schade wäre, wenn Sie diese Hinweise überlesen würden.

Wer die Pendelarbeit innerlich als Blödsinn oder Unsinn abstempelt, sollte das Buch trotzdem zumindest komplett lesen, wobei ich nicht den Anspruch habe, jeden Menschen auf dieser Erde vom Wert der Pendelarbeit zu überzeugen. Es gibt unzählige Hilfs- und Heilmethoden, so wie es viele Meinungen von Menschen gibt. Jeder sollte auf das zugreifen, was ihn anspricht beziehungsweise was sein Interesse weckt.

Vorwort

Die Pendelarbeit begleitet mich seit Anfang der 90er-Jahre. Noch kurz davor hätte ich es nicht für möglich gehalten, dass ich mich jemals mit Dingen wie dem Pendeln beschäftigen würde. Gesundheitliche Einschränkungen und damit verbundene persönliche Krisen sowie die Suche nach Erklärungen und Lösungen für eine bessere Genesung brachten mich jedoch dazu, mich mit esoterischen und spirituellen Themen zu beschäftigen. Auf der Suche nach einem Kinesiologiebuch fiel mir ein Pendelbuch in die Hände. Neugier und Skepsis kamen in mir hoch. Pendeln - war das gleichzusetzen mit dem Tischerücken? Ich fand es beinahe gruselig, wenn ich daran dachte. Ich blätterte ein wenig verunsichert in dem Pendelbuch und erkannte schließlich, dass es ähnliche Möglichkeiten bot wie die kinesiologischen Testungen, die meine Heilpraktikerin bei mir durchführte. Was ich bis zu diesem Tag als "okkult" verurteilt hatte, hielt plötzlich Einzug in mein Leben. Ich lernte, bisher Verborgenes zu entdecken, mehr über mich zu erfahren und mir in vielen Bereichen des Lebens zu helfen. Heute ist die Pendelarbeit aus meinem Leben nicht mehr wegzudenken, und es verwundert mich oft, dass noch immer vergleichsweise wenig Menschen sich dieser wunderbaren Technik bedienen. Ich lade Sie daher ein, ein Hilfsmittel kennenzulernen, das Ihr Leben - richtig angewandt - wahrhaft bereichern kann.

Über die Pendelarbeit und ihre zahlreichen Anwendungsmöglichkeiten gibt es unglaublich viel zu berichten. Ich hoffe, dass es mir gelingt, Ihnen die wirklich wichtigen Ansätze in diesem kompakten Werk zu vermitteln.

Ich schreibe in dem Buch vorwiegend über das Pendel, Sie können jedoch das Geschriebene jederzeit auch auf den Tensor oder die Einhandrute übertragen. Wo es Differenzierungen gibt, erwähne ich explizit den Tensor.

Herzlich willkommen in der Welt der Radiästhesie und viel Freude bei der Entdeckung Ihrer Pendelfähigkeiten!

Teil 1:

Grundlagen

Was hat das Pendel mit Radiästhesie zu tun?

Ein Pendel ist ein Such- und Messinstrument, das der Radiästhesie zugeordnet ist. Mit seiner Hilfe kann ein strahlenempfindlicher oder strahlenfühliger Mensch, auch Radiästhet genannt, Schwingungen sichtbar machen.

Woher kommt der Begriff »Radiästhesie«?

Der Begriff Radiästhesie setzt sich zusammen aus Radius (lat. Strahl) und *aísth esis* (griech. Empfindung, Wahrnehmung) und bedeutet übersetzt die Wahrnehmung von Strahlung oder das Fühlen von Strahlen/Strahlung. Der Begriff wurde von dem französischen Pfarrer Abbé Bouly durch ein von ihm erschienenes Werk geprägt. Es wird berichtet, dass er behauptete, das Pendel sei ein äußerst präzises Instrument zur Diagnose von Krankheiten. Um die Jahrhundertwende wurde es populär und zählt bis heute zu den am weitesten verbreiteten Diagnoseverfahren bei Menschen, die mit alternativen Heilmethoden arbeiten.

Die Geschichte der Radiästhesie reicht weit zurück. Danach ist sie eine uralte Methode, die bereits die Ägypter nutzten. In der nördlichen Sahara fand man auch Felsenbilder aus der Zeit etwa 6000 vor Christus, auf denen bereits Wünschelruten abgebildet waren. Ursprünglich verstand man unter Radiästhesie das Auffinden von Erdstrahlen mithilfe einer Wünschelrute. Heute gibt es zahlreiche radiästhetische Messinstrumente, und eines davon ist das Pendel, um das es hier in diesem Buch geht.

Es ist anzunehmen, dass man im Altertum auch an Ärzteschulen die Pendelarbeit praktizierte. Überrascht war ich, als ich bei meinen Recherchen im Zusammenhang mit der Pendelkunde bekannte Namen wie Galilei, Paracelsus und Goethe fand. Goethe soll demnach das Pendel ebenfalls als das genaueste aller damals bekannten Messgeräte bezeichnet haben.

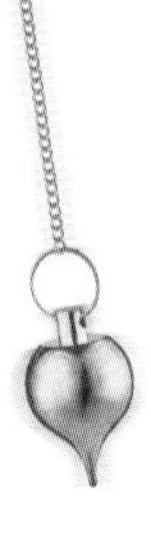

Wozu dient die Arbeit mit dem Pendel?

Das Pendel ist ein einfaches und vielseitiges Hilfsmittel. Wer die Pendelarbeit beherrscht, kann zahlreiche Fragen für sehr viele unterschiedliche Lebensbereiche klären, es zu Forschungszwecken einsetzen, aber auch geeignete Hilfsmittel in der Heilkunde für sich und andere herausfinden. Wachstumsfördernde Ratschläge, vorhandene Blockaden und Wege der Transformation lassen sich aufzeigen. Im Grunde kann man das Pendel in unzähligen Berufsbereichen als ergänzendes Hilfsmittel einsetzen. Fortgeschrittene nutzen die Möglichkeit, mithilfe des Pendels Information in den Körper oder in ein Trägermedium, wie beispielsweise Wasser oder Globuli, einzuschwingen.

Ich sehe das Pendel als ein Instrument zur Bewusstseinserweiterung. Bewusstseinserweiterung bedeutet die Wahrnehmung und Heilung aller ungeliebten Anteile in uns, die wir aber unbewusst meist so tief vergraben haben, dass wir nur Schicht für Schicht zu ihnen vordringen. Das eigene Bewusstsein zu durchschauen, sich selbst zu erkennen, sich selbst auf die Schliche zu kommen - das erfordert Lust und Mut, die Wahrheit zu erkennen, vor allem die eigene. Wer das schafft, entwickelt ein klares Bewusstsein und ist bereit, ihm zu folgen.

Wer sich selbst in seinen ganzen Facetten wahrnimmt, der ist auch in der Lage, sein Bewusstsein zu erweitern. Er spürt irgendwann, was sein Körper wirklich braucht, er schult seine Intuition und gewinnt den Zugang zu seinen wahren Gefühlen zurück. Dieser Weg eröffnet einem die Möglichkeit zu mehr Gesundheit, Wohlbefinden, Glück, Selbstliebe und zu vielem mehr. Im Grunde wünscht sich jeder diese Dinge, aber nach meiner Erfahrung sind bisher vergleichsweise nur sehr wenige Menschen bereit, sich intensiv mit sich selbst zu beschäftigen. Viele hoffen dagegen in einem Ein- oder Zweitagesseminar auf das schnelle Glück, den schnellen

Erfolg, die schnelle Lösung, das schnelle Wachstum. Wachstum aber braucht Zeit. Auch eine Pflanze wächst nicht in zwei Tagen in den Himmel. Sie bildet Wurzeln in die Erde und sie wächst zur Sonne – und genau diese Wachstumsmöglichkeit haben alle, die sich mit dem Pendeln zur Bewusstseinserweiterung beschäftigen. Sie können lernen, Ihre geistigen Fähigkeiten zu nutzen und sie in Ihrem Leben einzusetzen. Nutzen auch Sie die Pendelarbeit, um Ihre Persönlichkeit, Ihr Wachstum und damit Ihre spirituelle Entwicklung zu fördern. Sie können mithilfe des Pendels schnell und einfach Lösungen finden, wenn Sie sich an ein paar Grundregeln halten.

Ganz wichtig bei der Pendelarbeit ist es, sich nicht von dem Pendel abhängig zu machen. Es dient dazu, die eigene Intuition zu schulen. Wer auspendeln muss, ob es für ihn Sinn macht, eine Einladung anzunehmen oder ins Kino zu gehen, arbeitet konträr zu seiner Entwicklungsmöglichkeit, die ihm die Pendelarbeit bietet. Übertreiben Sie es nicht, sondern setzen Sie das Pendel gezielt für Ihr Wachstum ein, nicht um Ihren gesunden Menschenverstand zu vernachlässigen.

Oft wird das Pendel Orakeltechniken zugeordnet, wobei bei dieser Art des Pendelns eher oberflächliche Belange ausgetestet werden. So höre ich oft von Schülern, dass sie bereits versucht haben herauszufinden, ob eine Schwangere einen Jungen oder ein Mädchen gebären wird. Ich finde, es ist nur wichtig, dass ein Kind gesund auf die Welt kommt!

Wie funktioniert die Pendelarbeit?

Um die Wirkungsweise oder Funktionsweise eines Pendels zu verstehen, sollte man sich mit dem Gedanken anfreunden können, dass alles im Universum Schwingung und Energie sowie miteinander verbunden ist. Man sagt zudem in der Naturwissenschaft, dass Energie nie verloren geht, sie also unvergänglich ist. Daraus ergibt sich, dass Gedanken, Worte und Handlungen aus energetischer Sicht nie mehr verschwinden.

Das bedeutet auch, dass wir uns von dem Gedanken lösen sollten, dass wir lediglich einen grobstofflichen Körper haben. Wenn wir annehmen, dass wir Körper, Geist und Seele sind und jeder Gedanke, jedes Gefühl, jede Emotion eine Energieform ist, die eine Schwingung hat, wird leichter verständlich, dass wir Schwingungen aussenden, aber auch empfangen können. So funktioniert die Energieübertragung auch bei telepathischen Ereignissen oder Fernheilungen. Jedes Lebewesen, aber auch Pflanzen und Steine (Mineralien und Kristalle) haben eine Aura. Die Aura ist ein elektromagnetisches Energiefeld, das die Menschen, Tiere und eben auch Pflanzen und Steine umschließt. Es ist ein Energiefeld, das aus kleinsten Teilchen besteht, die ständig in Schwingung sind. Nun, das Aufspüren, Einfangen und Einordnen von Schwingung oder Strahlung mithilfe eines Pendels macht die Pendelarbeit, die wir in diesem Buch kennenlernen, aus.

Je feinfühliger ein Mensch ist, desto leichter fällt ihm in der Regel die Pendelarbeit. Beim Abfragen von Strahlungen und Energien, um Informationen zu erlangen, stellt sich der Radiästhet, den ich ab hier "Pendler" nennen werde, mental auf seine Frage ein.

Die Frage des Pendlers wird ihm durch sein Unterbewusstsein beantwortet. Durch die hochsensiblen Sinne und die Bereitschaft, die Tatsache anzuerkennen, dass es eine feinstoffliche Ebene gibt, aus der wir die Informationen, die wir benötigen, aufnehmen können, reagiert unser Körper mithilfe unbewusster, ganz feiner Reaktionen unseres Muskel- und Nervensystems und seiner feinstofflichen Sinne und kann die Botschaft oder Antwort als Pendelausschlag beziehungsweise Schwingung an das Bewusstsein übermitteln. Zusammengefasst bedeutet dies, dass der Pendler Strahlungen und Schwingungen durch seine Körper-Geist-Seele-Einheit wahrnimmt und das Pendel durch ganz feine Impulse, die er von seinem Muskel- und Nervensystem bekommt, in Bewegung setzt. Wer diese Bewegungen zu deuten gelernt hat, bekommt eine wertvolle Hilfe.

Pendelinstrumente

Die Auswahl an Pendelinstrumenten ist groß. Es gibt sie in allen Preis- und Qualitätsklassen, in vielen Designs und in verschiedenen Hölzern, Metallen und Edelsteinvarianten. Bekannte Varianten sind (Lot-)Pendel oder die Einhandrute, auch Tensor genannt.

Nachstehend finden Sie ein paar Beispielbilder für Metall- beziehungsweise ein Amethystpendel, das ich hier stellvertretend für Edelsteinpendel gewählt habe.

Hier ein kleiner und ein großer Tensor, auch sie gibt es natürlich in vielen Varianten:

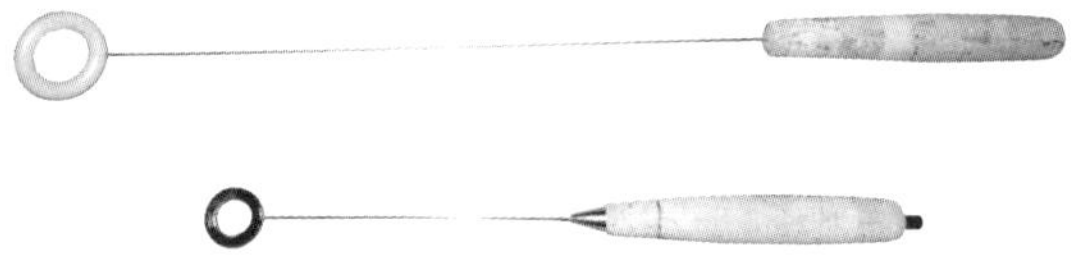

Ich selbst arbeite am liebstem mit einem Lotpendel, denn es bietet den Vorteil, dass es klein und handlich ist, sehr langlebig und universell einsetzbar. Therapeuten bedienen sich oft der Einhandruten. Bei unsachgemäßer Behandlung gehen sie jedoch sehr schnell kaputt, brechen oder verbiegen und lassen sich – je nach Ausführung – nicht mal eben in Jacken- oder Handtasche stecken. Auch die Arbeit über Kreisdiagrammen, auf die ich später noch eingehe, ist damit nicht möglich. Jedoch finden Sie für das Abfragen mit dem Tensor entsprechende Auflistungen, die ich Testlisten nenne, so dass Sie auch mit diesem "Testgerät" zu Ihren Antworten gelangen können.

Auswahl eines Pendels

Ich werde immer wieder gefragt, welches Pendel für Anfänger geeignet ist. Nun, diese Frage lässt sich nicht pauschal für alle beantworten. Ich empfehle ein Metall- oder Holzpendel, das Ihnen gefällt und eine gute Spitze hat, damit Sie später über den Kreisdiagrammen gut ablesen können, worauf das Pendel deutet. Es sollte Ihnen auch vom Gewicht her zusagen. Viele Pendelanfänger machen sehr gute Erfahrungen mit den Spiralpendeln, denn sie haben eine sehr gute Leitfähigkeit.

Ich rate Anfängern in der Regel von einem Edelsteinpendel ab, da es sich aufgrund seiner kristallinen Struktur sehr schnell mit Informationen und Energien aufladen kann. Dann besteht die Möglichkeit, dass das Pendelergebnis dadurch verfälscht wird.

Wer später Heilarbeiten mit dem Pendel durchführen möchte, der wird Freude am Einsatz der Edelsteinpendel haben. Doch hier geht es erst einmal darum, die Pendeltechnik zu erlernen und die eigenen Möglichkeiten und Grenzen zu erforschen.

Ansonsten gilt: Kaufen Sie sich das Pendel, das Ihnen gefällt und bei dem Sie ein gutes Gefühl haben.

Für alle, die sich für die Arbeit mit einem Tensor entschieden haben, gilt das Gleiche. Es gibt Tensoren mit Holz- oder Korkgriffen, mit verschiedenen Spitzen und in verschiedenen Größen. Wählen Sie einen, der nicht zu klein ist, da dieser schwerer in Schwingung geht. Verzichten Sie als Anfänger auch beim Tensor vorsichtshalber auf Edelsteinanteile.

Aufbewahrung des Pendels

Das Lotpendel ist, wie schon erwähnt, in der Regel sehr pflegeleicht. Damit Sie es gut finden, es nicht verkratzt oder sich mit anderen Utensilien verknotet, macht es Sinn, es in einem Beutelchen oder Döschen aufzubewahren. Es hat sich auch bewährt, es an einem Ort mit guter Energie aufzubewahren, das betrifft insbesondere die Edelsteinpendel, damit sie sich nicht unnötig mit negativen Energien aufladen.

Für einen Tensor nehmen Sie am besten die Schutzverpackung, die Sie beim Kauf erhalten haben, damit er nicht verbiegt oder bricht.

Ich muss an dieser Stelle gestehen, dass ich mehrere Pendel besitze. Eines liegt (trotz des Elektrosmogs, den ich natürlich weitestgehend bioenergetisch neutralisiere) an meinem Arbeitsplatz am PC, und meist habe ich eines einfach so in der Jacken- oder Hosentasche. Das stecke ich schon mal eher auf die Schnelle ein, ohne Beutelchen, denn nicht immer bringe ich die Disziplin auf, das Pendel an seinen Platz zu bringen. Man möge es mir nachsehen, es funktioniert bei mir trotzdem. Aber ich möchte Ihnen mit diesem Buch eine gute Grundlage bieten, dass das Pendeln bei Ihnen funktioniert, weswegen ich die Pflege und Aufbewahrung des Pendels nicht außen vor lassen kann.

Können auch Sie pendeln lernen?

Im Grunde kann jeder, der ein gesundes Muskel- und Nervensystem hat, Pendeln lernen. Ich weise bewusst darauf hin, dass Störungen diesbezüglich die Pendelfähigkeit beeinflussen *können*, es aber nicht zwangsläufig *müssen*. So hatte ich einmal eine taubstumme Kursteilnehmerin, die mit einer Dolmetscherin kam, um ebenfalls Pendeln zu lernen. Es war nichts zu machen, sie erhielt keine Impulse, die ihr Pendel in Schwingung versetzten. Sie hatte nach dem Ausschalten des Hörgerätes, das ein paar wenige Töne für sie hörbar machte, dann einige Pendelausschläge. Sie war schnell ermüdet, hatte nicht so starke Pendelreaktionen, wie die anderen Kursteilnehmer, konnte jedoch ein wenig austesten. Hier hatte also das Hörgerät Einfluss auf die Pendelfähigkeit beziehungsweise auf die Nerven.

Natürlich spielen beim Pendeln auch die Begabung und die Einstellung des Pendlers eine sehr große Rolle. So gibt es Menschen, die strahlenfühliger sind als andere. Wer der Pendelarbeit gegenüber nicht aufgeschlossen ist, wird sich ebenfalls schwertun. Bestimmte Gedanken oder eine innere Haltung können bereits ausreichen, dass es nicht funktioniert. Dazu zählen Gedanken wie: "Das kann doch gar nicht gehen!" Oder: "Das wird mir sicher nicht gelingen!" So lässt sich schlussfolgern, dass die Pendelfähigkeit auch mit der Wesensart und dem Charakter eines Menschen in Zusammenhang gebracht werden kann.

Es ist beim Pendelnlernen wie in jedem anderen Lebensbereich auch: Es wird Menschen geben, denen es sehr leichtfällt, andere dagegen müssen viel mehr Zeit und Energie aufwenden, um sich darin zu üben. So war es doch bereits in der Schulzeit und so ist es bei Sportarten und vielem anderen auch. Der eine ist von vorneherein talentiert, der andere muss es sich Stück für Stück erarbeiten. Eines haben jedoch alle Pendler gemeinsam:

Sie haben die Möglichkeit, aus einer naturgegebenen Fähigkeit eine wirkliche Fertigkeit zu machen!

Schon Goethe sagte: "Aus der Fähigkeit muss die Fertigkeit werden."

Üben und testen Sie ausgiebig, welche Möglichkeiten sich Ihnen mit der Pendelarbeit bieten, wo Ihre Grenzen und wo Ihre besonderen Begabungen liegen. Ihre Pendelfähigkeit wird mit Ihrer seelisch-geistigen Entwicklung voranschreiten! Das bedeutet für jeden Pendelpraktizierenden Arbeit an sich selbst, und das setzt den absoluten Willen zu Wachstum und Heilung voraus, worauf sich leider nur sehr wenige einlassen. So mag es bei dem einen ganz leicht gehen und in sehr vielen Bereichen funktionieren, bei einem anderen dagegen läuft es vielleicht weniger gut. So manch einer wird sich die Fähigkeiten vielleicht auch schon über Inkarnationen hinweg angeeignet haben, und er lernt nur wieder, auf sie zuzugreifen.

Einflussfaktoren bei der Pendelarbeit

Es gibt viele Faktoren, die die eigene Pendelfähigkeit beeinflussen können – dem muss aber nicht so sein. Daher empfehle ich Ihnen, diesen Abschnitt zwar zu lesen, dann aber erst mal zu schauen, ob Sie die folgenden Pendelübungen schaffen. Wenn ja, ist alles gut. Lesen Sie hier immer nur dann nach, wenn es einmal nicht klappt, um die Einflussfaktoren herauszufinden und abzustellen.

Ich habe es so oft in Kursen erlebt, dass alle Teilnehmer pendeln konnten. Hätte ich ihnen vorher erzählt, was alles dazwischenkommen kann, wären sie sicherlich blockierter gewesen. Und wenn es bei einem Teilnehmer einmal nicht klappte, konnten alle mit ansehen, welche Möglichkeiten man hat, um diese Faktoren abzustellen.

Die Liste der möglichen Einflussfaktoren ist lang. Die wichtigsten Grundvoraussetzungen für den Pendelpraktizierenden sind:

- Lust auf die Pendelarbeit
- Ein entspannter Zustand sowie Zeit und Ruhe für eine sorgsame Befragung des Pendels und die Beobachtung der Pendelschwingung
- Eine Umgebung, in der Sie sich wohlfühlen
- Eine strahlungsfreie oder -arme Umgebung (Erdstrahlen und Elektrosmog) sowie der Einfluss von Unwettern
- Eine harmonische Gemütsstimmung sowie Unvoreingenommenheit beziehungsweise Vorurteilslosigkeit
- Ernsthaftigkeit und ein Herz frei von Ego
- Möglichst ausgeglichene Energiezentren (Chakren) im Körper
- Die richtige Fragestellung
- Gesundheit beziehungsweise genug Lebensenergie

Im Folgenden möchte ich noch einmal näher auf die eben genannten Einflussfaktoren eingehen.

Lust auf die Pendelarbeit

Pendeln Sie wirklich nur, wenn Sie Lust dazu haben, sonst werden Ihre Pendelergebnisse nicht optimal ausfallen. Es hat einen Grund, dass Sie keine Lust haben. Vielleicht braucht Ihr Körper Ruhe, oder es kann auch sein, dass Sie für etwas einfach keine Verantwortung übernehmen wollen. Das kann besonders dann der Fall sein, wenn jemand Sie bittet, etwas für ihn auszutesten.

Ein entspannter Zustand sowie Zeit und Ruhe für eine sorgsame Befragung des Pendels und die Beobachtung der Pendelschwingung

Versuchen Sie nicht, unter Zeitdruck zu pendeln. Dann ist Ihr Körper im Stressmodus und steht unter einer inneren Spannung, die das Pendelergebnis beeinflussen kann. Vielleicht meditieren Sie auch vor der Pendelarbeit, um in eine entspannte Grundhaltung zu kommen.

Aber auch die Ruhe im Raum spielt eine große Rolle. Achten Sie darauf, dass Sie das Telefon auf lautlos stellen, und schalten Sie das Radio und/oder den Fernseher ab, sollten diese Geräte gerade laufen. Ein möglichst ruhiger Raum ist für die Pendelarbeit sehr vorteilhaft, gerade zu Beginn.

Eine Umgebung, in der Sie sich wohlfühlen

Sie sind entspannter und energiegeladener, wenn Sie sich wohlfühlen. Das unterstützt ein gutes Pendelergebnis.

Indirekt gehört auch Ihr Gefühl bei einer Pendelsitzung zu diesem Punkt. Ich wurde schon häufiger von Schülern gefragt, ob man über schwarzen Tischplatten pendeln kann oder ob sie lieber ein weißes Tischtuch auflegen sollten. Nun, mir macht eine schwarze Tischplatte nichts aus, auch wenn der Farbe Schwarz oft eine hemmende Wirkung nachgesagt wird. Wenn Sie schon ein komisches Gefühl haben, dann geben Sie bitte Ihrem Gefühl nach und holen Sie sich ein weißes Blatt Papier oder eine Tischdecke für die Pendelarbeit. Wer mit dem Pendel in die energetische Programmierarbeit einsteigt, für den ist es zudem wirklich sinnvoll, auf Farben zu achten, da diese beim Einschwingen von Energien tatsächlich eine Rolle spielen können. Für die Pendelarbeit, die wir hier lernen, ist der Einfluss meines Erachtens allerdings zu vernachlässigen. Aber wie gesagt, es ist alles eine Sache der inneren Einstellung und Haltung und daher auf jeden Fall erwähnenswert.

Eine strahlungsfreie oder -arme Umgebung sowie der Einfluss von Unwettern

Es ist in aller Munde, dass Erdstrahlen und Elektrosmog Einfluss auf unser Energiesystem haben. Es ist gut, diese Faktoren bei der Pendelarbeit so gut es geht zu minimieren.

Ist ein Gewitter im Anzug, verschieben Sie bitte Ihre Pendelsitzung, da die atmosphärischen Störungen dann so stark sind, dass Sie unter Umständen nicht richtig pendeln können. Viele Pendler haben schon erlebt, dass das Pendel bei Unwettern seltsame Pendelbewegungen machte oder ein Zittern durch den Pendelfaden oder die Pendelkette ging, es gleichzeitig aber keine Pendelbewegung ausführte.

Eine harmonische Gemütsstimmung sowie Unvoreingenommenheit beziehungsweise Vorurteilslosigkeit

Freude, Gelassenheit oder Ausgelassenheit sind Schwingungen, die unserem Körper guttun und ihn in eine höhere Schwingung versetzen.

Unvoreingenommenheit beziehungsweise Vorurteilslosigkeit sind ganz wichtige Voraussetzungen für ein optimales Pendelergebnis. Emotionale Bindungen und Vorurteile fließen in die Pendelergebnisse ein. Entweder sind wir verkrampft, weil wir bereits vorweg Angst vor einer bestimmten Antwort haben, oder wir haben eine Erwartungshaltung, die wir bestätigt sehen wollen. Wir müssen unbedingt vermeiden, bereits in Gedanken eine Antwort auf unsere Frage zu haben, denn diese kann in das Pendelergebnis einfließen.

Wer es immer öfter und immer schneller schafft, eine harmonische Gemütsstimmung und die Vorurteilslosigkeit zu erreichen, findet durch innere Sammlung und Konzentration auf die Sache selbst Zugang zu seiner eigenen Tiefe, anstatt Sorgen, Angst, Trauer oder Wut nachzuhängen.

Wenn jemand zu einer Pendelsitzung kommt und beispielsweise wissen möchte, ob er eine Krankheit wie Krebs hat, so wird es hier sicher sehr schwierig werden. Wer möchte - abgesehen davon, dass Diagnosen nur von Ärzten und Heilpraktikern gestellt werden dürfen! - schon solch eine Auskunft geben? Hier dürften in den meisten Fällen Ängste auftauchen und in das Pendelergebnis einfließen - und je näher Sie einem Menschen stehen, desto schwieriger wird es.

Ernsthaftigkeit und ein Herz frei von Ego

Oft wird das Pendel für Zwecke herangezogen, die mehr der Befriedigung der Neugier dienen als dem persönlichen Wachstum oder der Genesung. Man sollte zwar mit einer spielerischen Leichtigkeit an die Pendelarbeit herangehen, aber mit der notwendigen Ernsthaftigkeit. Es geht hier um Lebenshilfe, um Bewusstseinserweiterung, um Wachstum! Macht und Geltungssucht sind hier genauso fehl am Platz wie Egoismus oder Neugier, um etwas zu erfahren, das einen nichts angeht.

Pendeln Sie nie aus selbstsüchtigen Motiven, aus reiner Neugier und niemals ohne die Zustimmung der Person, um die es geht. Selbstsüchtige Gründe sind hier fehl am Platz, und Intimitäten von Freunden, Bekannten oder Kollegen gehen einen nichts an. Bedenken Sie: Sie fragen Energien aus dem Energiesystem eines anderen Menschen ab. Bildlich gesprochen tasten Sie ihn ab. Möchten Sie, dass jemand ungefragt an Ihnen herumtastet?

Pendeln Sie auch nicht, nur um Ihre Pendelfähigkeiten unter Beweis zu stellen oder um die Neugier oder Sensationslust Dritter zu befriedigen.

Bitte nehmen Sie sich für Ihre Pendelarbeit überdies nicht vor, für Glücksspiele oder Lotterien zu pendeln. Das hat nichts mit seriöser Pendelarbeit zu tun - auch nicht wenn Sie den Gewinn für wohltätige Zwecke spenden möchten. Der Einsatz für egoistische oder materialistische Zwecke ist nicht zu empfehlen und reine Energieverschwendung. Wenn die Einstellung zur Pendelarbeit falsch ist, erhält man auch falsche Antworten. Wer sich mit einer ganzheitlichen Weltanschauung beschäftigt sowie über die Zusammenhänge von Körper, Geist und Seele Bescheid weiß, der hat auch verstanden, wie wir etwas erschaffen und dass Geld dabei keine Rolle spielt. Wer materielle Not hat, der sollte sich vielmehr mit dem Resonanzgesetz beschäftigen und schauen, was er in sich trägt, das der Heilung bedarf, da irgendwo im Unterbewusstsein eine falsche oder blockierende Einstellung vorhanden ist.

Möglichst ausgeglichene Energiezentren (Chakren) im Körper

Die Chakren sind feinstoffliche Energiezentren an der Vorder- und Rückseite unseres Körpers. Man kann sie sich als Energiewirbel vorstellen, die Energien aus dem Kosmos aufnehmen und diese in für uns nutzbare Energie umwandeln. Sie versorgen unter anderem unsere Organe und Drüsen mit lebenswichtiger universeller Energie. Meist sind bei den Menschen, die nicht pendeln können, eines oder mehrere Chakren blockiert. Unsere Umwelt, Traumen, Ängste und negativen Emotionen sitzen in diesen Energiezentren und verhindern, dass die Energie frei fließen kann und für diese Art von "Energiearbeit" zur Verfügung steht.

Aufzählung der Chakren von unten (rot) nach oben (violett): Wurzelchakra, Sakralchakra, Nabelchakra/Solarplexus, Herzchakra, Halschakra, Stirnchakra/Drittes Auge/Kronenchakra. Hellsich-

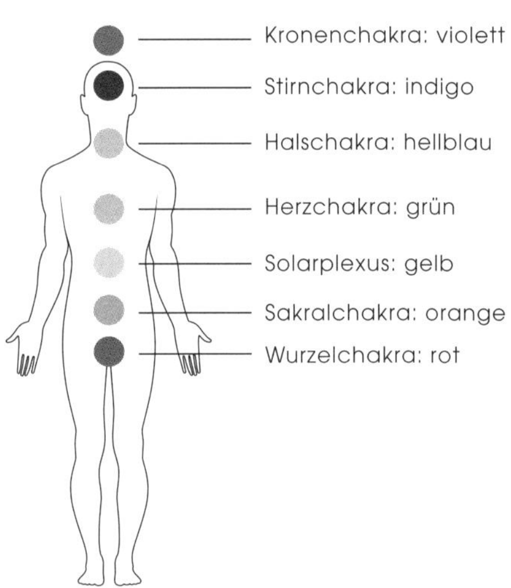

tige Menschen zeichnen die Chakren wie Trichter oder Röhren, die von vorne nach hinten durch den Körper gehen, wobei sich das Wurzelchakra zur Erde hin öffnet und das Kronenchakra zum Kosmos hin.

Die nebenstehende Abbildung gibt Ihnen einen Überblick, wo diese Chakren sitzen. Wie Sie Ihre Chakren ausgleichen können, darauf gehe ich weiter unten ein.

Die richtige Fragestellung

Sie ist das A und O der Pendelarbeit. Am Anfang macht es Sinn, sich die Fragen, die man hat, aufzuschreiben. Wir pendeln immer das, was wir vor unserem geistigen Monitor haben – so nenne ich gerne den Bereich, der für die Konzentration zuständig ist. Also: Wir pendeln das, was wir denken. Dabei spielt die Konzentration, die Fähigkeit, den Fokus auf der gestellten Frage zu halten, eine große Rolle.

Generell lässt sich hier auf jeden Fall sagen, dass es Sinn macht, kurze und präzise Fragen zu stellen. Achten Sie darauf, dass Sie unvoreingenommen sind und das Ergebnis gedanklich nicht vorwegnehmen.

Gesundheit beziehungsweise genug Lebensenergie

Pendeln ist Energiearbeit und kann anstrengend sein. Sind Sie gesundheitlich bereits angeschlagen, kann Sie die Pendelarbeit weiter schwächen. Hier macht es mehr Sinn, jemand anderen pendeln zu lassen. Dies betrifft besonders akute Einschränkungen, und wenn ich Fieber habe, bin ich nicht mehr testfähig, auch nicht bei stärkeren Schmerzen. Habe ich aber einfach nur ein steifes Genick oder tut mir der Fuß beim Laufen weh, so bin ich durchaus noch testfähig. Auch bei beginnenden Halsschmerzen bin ich für mich noch imstande, Heilmittel auszutesten. Aber ich würde an solchen Tagen nie für andere Personen testen, um meine Energie zu schonen und sie dem Heilungsprozess zur Verfügung zu stellen.

Auch die Tageszeit spielt bei der Pendelfähigkeit vieler Menschen eine Rolle. So können einige nicht zu jeder Tageszeit gleich gut pendeln. Sie müssen lernen, auf Ihren Tagesrhythmus zu achten, und herausfinden, wann Sie sich leistungsfähig und energiegeladen genug fühlen.

Bedenken Sie, dass auch Ihre Ernährung Einfluss auf Ihre Gesundheit hat. So kann der Genuss von schwarzem Tee, Kaffee, Nikotin, Alkohol und Drogen die Pendelfähigkeit beeinträchtigen oder sogar verhindern. Jedoch ist es auch hier eine individuelle Sache. So habe ich eine Freundin, der ein Viertelliter Rotwein keineswegs die Pendelfähigkeit nimmt ... Es gibt auch genügend Raucher, die pendeln können. Oftmals ist es das Zusammenspiel mehrerer Faktoren, wenn es mit dem Pendeln nicht klappen will.

Trefferquote

Geübte Pendler haben eine sehr hohe Trefferquote. Dennoch sollten Sie keine lebenswichtigen Entscheidungen mithilfe des Pendels treffen! Wichtig finde ich auch, den Verstand bei der Auswertung Ihrer Pendelergebnisse mit einzubeziehen. Mit seiner Unterstützung finden Sie sehr schnell heraus, ob Ihr Pendelergebnis einen Sinn ergibt oder nicht.

Teil 2:

Mit dem Pendel arbeiten

Vorbereitung auf die ersten Pendelübungen

Viele Pendelschüler und auch Geübte bevorzugen vorbereitende Rituale auf die Pendelarbeit. Unser Unterbewusstsein können wir uns wie eine Art Festplatte vorstellen, und daher können wir auch neue Programme auf ihr ablegen, die dann irgendwann wie von alleine laufen. Wenn Sie also vor jeder Pendelarbeit Ihren Raum reinigen, Ihre Hände waschen und Ihr Pendel reinigen, wird vieles, was Sie jetzt noch richtig bewusst tun, später ganz automatisch ablaufen. Dies kann zur Folge haben, dass zum Beispiel das Pendel automatisch gereinigt ist, wenn Sie es in Ihre Hand nehmen.

Möglichst keine geschlossenen Metallkreise am Körper tragen

Vermeiden Sie es, zu viel Schmuck beziehungsweise geschlossene Metallkreise am Körper zu tragen, da sie einen Einfluss auf den Energiestrom in Ihrem Körper und damit auf die Pendelfähigkeit haben können.

Hände waschen

Waschen Sie sich vor einer Pendelsitzung noch einmal die Hände, das wirkt reinigend und befreiend, auch auf der energetischen Ebene.

Ein Ort, an dem Sie sich wohlfühlen, und die Raumreinigung

Gehen Sie nun mit Ihrem Pendel an einen Ort, an dem Sie sich wohlfühlen. Für die ersten Abfragetechniken wäre ein Platz an einem Tisch sinnvoll, da Sie dann Ihren Ellbogen aufstützen können, was nicht so ermüdend ist wie das freie Halten des Pendels.

Schauen Sie, ob Sie Störfaktoren weitestgehend abschalten können. Dies kann zum Beispiel bedeuten, das Telefon oder die Klingel abzuschalten oder leise zu stellen sowie den Kindern oder dem Partner Bescheid zu geben, dass Sie nun eine Zeit lang ungestört sein möchten.

Vielleicht möchten Sie Ihren Raum vor der Pendelsitzung auch reinigen. Es gibt im Handel spezielle Raumsprays, Reiki-II-Praktizierende können mithilfe der Reikisymbole den Raum reinigen oder Sie machen eine ganz einfache Übung mit der violetten Flamme, die eine stark reinigende Kraft hat. Stellen Sie sich vor, wie Schlingen, ähnlich denen einer Fußbodenheizung, über Ihren Boden verlaufen und wie aus unzähligen kleinen Düsen ein für sie angenehmes violettes Feuer immer höher auflodert und alles im Raum, was sich nicht angenehm anfühlt, transformiert und reinigt. Es kommt hier einzig und allein auf Ihre mentalen Kräfte an. Lassen Sie die Flammen so lange vor Ihrem geistigen Auge lodern, bis Sie das Gefühl haben, der Raum sei jetzt in Ordnung.

Manche Pendler räuchern ihre Räumlichkeiten auch, bevor sie mit der Arbeit beginnen. Doch Sie müssen Ihren Raum nur dann reinigen, wenn Sie das Gefühl haben, es sei nötig. Es ist kein Muss bei der Vorbereitung auf die Pendelarbeit.

Genug Wasser vor und bei der Pendelarbeit trinken

Unterstützend bei der ganzen Pendelarbeit und gut auch vor Beginn ist es, ein großes Glas Wasser zu trinken, denn das verbessert die Konzentrationsfähigkeit, ist wichtig für alle Stoffwechselvorgänge im Körper und die Kommunikation zwischen Gehirn und Körper funktioniert einfach besser. Da der Körper bei der Pendelarbeit oftmals gestresst wird, ist das Trinken von Wasser unentbehrlich, da unter Stress Giftstoffe freigesetzt werden, für die Wasser zur Anregung des Lymphsystems und zum Abbau der Giftstoffe benötigt wird.

Das Pendel reinigen

Nun geht es darum, dass Sie lernen, Ihr Pendel zu reinigen. Dies müssen Sie allerdings immer nur dann, wenn Sie das Pendel in fremde Hände gegeben haben oder wenn es an einem Ort lag, der energetisch ungünstig (also nicht strahlungsfrei oder wenigstens strahlungsarm) war. Edelsteinpendel werden Sie dagegen häufiger reinigen müssen, da sie sich schnell energetisch aufladen und das Pendelergebnis beeinflussen können.

Das Pendel können Sie mit verschiedenen Techniken neutralisieren beziehungsweise reinigen. So bedienen sich Reiki-Praktizierende der Reinigung mit Reiki, indem sie ihr Pendel zwischen die Hände nehmen und die Energie darüberfließen lassen. Je nach Materialbeschaffenheit Ihres Pendels können Sie es auch unter fließendes Wasser halten, bis Sie das Gefühl haben, dass es sich gut und energetisch gereinigt anfühlt.

Ebenso geeignet ist hier wieder die Kraft der violetten Flamme. Eine kleine mentale Übung wäre diese: Stellen Sie sich vor, wie kleine violette, angenehme Strahlen oder Flammen aus Ihren

Handflächen emporsteigen und um das Pendel in Ihren Händen lodern. Alle ihm anhaftenden Energien verschwinden, und es fängt an, in Ihren Händen zu strahlen. Dann lassen Sie die kleinen Flämmchen langsam wieder verschwinden.

Sie können das Pendel auch mit einer Hand festhalten und es mit der anderen Hand dreimal hintereinander abstreifen; nach jedem Abstreifen die Hand über einer freien Bodenfläche ausschütteln. Die abgeschüttelte Energie am Boden kann dann ebenfalls mit der violetten Flamme neutralisiert werden. Im Anschluss hauchen Sie Ihr Pendel dreimal an, man nennt den Vorgang auch "Beoden". Diese Methode ist für die Arbeit mit dem Tensor am einfachsten anzuwenden. Nun hat der Tensor oder das Pendel Ihre Energie - und es kann weitergehen.

Handhaltung beim Pendeln und mit dem Tensor

Pendeln werden Sie mit der Hand, mit der Sie auch schreiben. Rechtshänder pendeln also mit der rechten und Linkshänder mit der linken Hand.

Nehmen Sie Ihr Pendel in die Hand. Sie können Ihren Arm frei in der Luft halten – egal ob über einem Tisch oder einfach frei stehend. Oder Sie stützen Ihren Ellbogen mit dem Pendel in der Hand auf einem Tisch ab, was für die meisten weniger anstrengend ist. Achten Sie darauf, dass Ihre Füße fest auf dem Boden stehen – gerade Frauen neigen dazu, die Beine zu kreuzen. Sie benötigen jedoch genug Erdung und einen ungehemmten Energiefluss. Kontrollieren Sie sich daher immer wieder selbst, wenn Sie zu einer Sitzhaltung mit verschränkten Beinen neigen. Pendeln Sie für eine andere Person, bitten Sie diese wenn möglich auch, die Beine nicht zu überkreuzen, da ihr Energiefeld dann leichter zu befragen ist. Die Aura beziehungsweise das Energiefeld, das eine Person umgibt, zieht sich extrem zurück, wenn die Beine überkreuzt sind. Für die Pendelarbeit ist es jedoch einfacher, wenn jemand offen für diese Vorgänge ist, ebenso sein Energiefeld.

Die Ketten- oder Fadenlänge Ihres Pendels kann individuell verschieden sein, auch die Länge, mit der Sie arbeiten möchten. In der Praxis hat es sich bewährt, mit einer Ketten- oder Fadenlänge von etwa zehn bis zwölf Zentimetern zu arbeiten. Das Kettenende lassen Sie in der geschlossenen Faust, den Faden oder die Kette halten Sie zwischen Daumen und Zeigefinger in der sogenannten Schnabelhaltung. Diese Haltung ist keine Vorschrift, sie hat sich jedoch bewährt.

Nehmen Sie auch einen Tensor in die Hand, mit der Sie schreiben, und halten Sie den Oberarm locker am Oberkörper. Legen Sie den Tensor so in die Hand, dass Sie ihn zwar halten, dabei aber nicht verkrampfen.

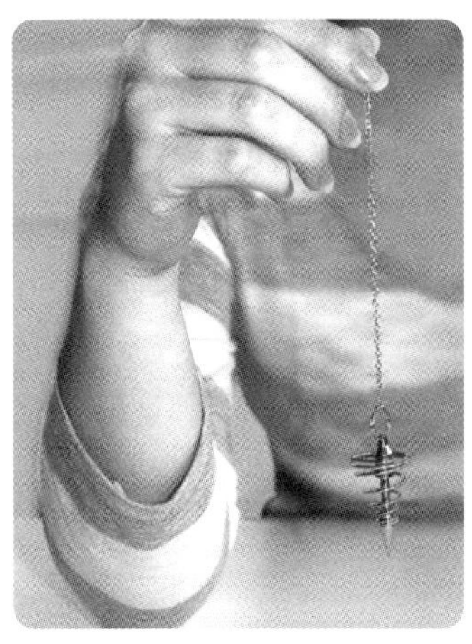

Erste Pendelschwingungen

Nun haben Sie sich vorbereitet, aber Sie wissen ja noch nicht, wie Ihnen das Pendel auf Ihre Fragen antworten kann ... Ich unterrichte Pendeln so, dass Sie sich Ihre natürlichen und eigenen Pendelreflexe anzeigen lassen und mit diesen arbeiten. Manche Pendler programmieren sich auf eine bestimmte Pendelbewegung für ein Ja oder ein Nein. Ich bevorzuge es allerdings, den natürlichen Reflex zu nutzen.

Doch zunächst gehen wir erst einmal in Kontakt mit dem Pendel, erfahren seine Schwingungsenergie und wie es sich anfühlt, wenn es anfängt zu schwingen. Wenn Sie Rechtshänder sind, legen Sie dazu Ihre linke Hand mit der Handfläche nach oben auf den Tisch, das Pendel halten Sie mit der rechten

Hand darüber und lassen es über Ihrem Handteller hängen. Nach einiger Zeit wird das Pendel die Energie aus Ihrem Handchakra aufnehmen und eine Kreisbewegung beginnen, da es sich im Energiewirbel des Handchakras bewegt.

Diese Übung sowie das nachfolgende Abfragen Ihrer Pendelsprache müssen Sie nicht jedes Mal vor der Pendelarbeit durchführen, sie dient nur der ersten Einstimmung auf Ihre künftige Arbeit.

Wenn Sie mit dem Tensor arbeiten, halten Rechtshänder die linke Hand vor das Ende des Tensors, das heißt Sie richten den Tensor gegen Ihre Handfläche (nicht berühren) und warten, bis er in Schwingung geht.

Wir beginnen nun mit der ersten Abfrage, doch vorweg: Es kann Geduld erfordern, unsere Pendelsprache zu erforschen und festzulegen ...

Sie haben Ihr Pendel in der Hand. Seien Sie nicht zu verkrampft. Halten Sie das Pendel ruhig über den Tisch und sagen Sie sich im Stillen oder laut: "Zeige mir ein JA!" (Einen Tensor nehmen Sie sitzend oder stehend wie auf der Abbildung oben in die Hand und stellen die gleichen Fragen, wie hier für das Pendel beschrieben.) Alternativ können Sie auch im Stillen oder laut fragen: "Welche (Pendel-)Bewegung bedeutet ein Ja?" Damit ist der Pendelausschlag gemeint, den das Pendel Ihnen anzeigt, wenn es Ihnen mit einem "Ja" antwortet.

Lassen Sie sich Zeit. Das Einzige, was jetzt noch auf Ihrem "geistigen Monitor" stehen sollte, ist: *Zeige mir ein Ja!* Denken Sie an nichts anderes. Ihre Konzentrationsfähigkeit wirkt sich unmittelbar auf das Pendelergebnis aus. Abhängig von Ihrer bereits vorhandenen Pendelfähigkeit wird sich das Pendel schnell oder sehr langsam in Bewegung setzen. Seien Sie geduldig und bleiben Sie konzentriert!

Sie können die Übung auch auf eine andere Weise durchführen. Sie können zum Beispiel eine gezielte "Ja-Frage" stellen, um zu sehen, welcher Pendelausschlag kommt. Am einfachsten ist eine Frage, die auf Ihren Vornamen abzielt. Ich würde dann für mich fragen: "Heiße ich Sabine?" Schauen Sie sich den Ausschlag an, den Ihr Pendel macht. In der Regel werden Sie eine der folgenden Pendelbewegungen sehen:

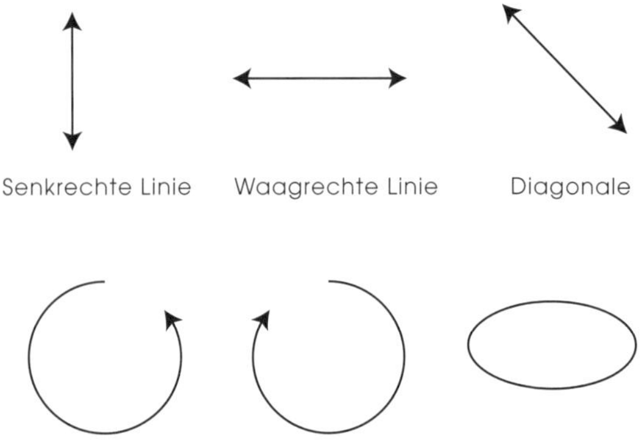

Rechtskreis/Linkskreis/Ellipse

Das heißt, das Pendel kann in Kreisen, Linien und Ellipsen schwingen. Der Tensor schwingt häufig entweder auf und ab, von rechts nach links oder dreht rechts- oder linksherum.

Wenn das Pendel eine Richtung anzeigt, beenden Sie die Abfrage. Sonst besteht gerade bei Anfängern die Gefahr, dass das Pendel in eine andere Richtung wechselt und Sie dann sofort unsicher werden, welche Richtung denn nun richtig ist.

Notieren Sie sich Ihre Pendelbewegung, denn sie bedeutet künftig "Ja" für Sie. Nun verfahren Sie auf die gleiche Art und Weise, nur lassen Sie sich jetzt ein "Nein" anzeigen (sagen Sie sich im Stillen oder laut: "Zeige mir ein NEIN!" Alternativ können Sie auch im Stillen oder laut fragen: "Welche (Pendel-)Bewegung bedeutet ein Nein?"). Hier sollte nun eine andere Pendelbewegung herauskommen, denn sonst können Sie künftig nicht zwischen einem Ja und einem Nein unterscheiden.

Eine alternative Testfrage zu dem Nein könnte sein (ich heiße immer noch Sabine ...): "Heiße ich Marlene?" Hier müsste dann ein "Nein" kommen, das heißt, die Pendelbewegung, die Sie bekommen, bedeutet ein "Nein".

Als dritte Variante empfehle ich eine Pendelbewegung, die Ihnen anzeigt, wenn eine Frage (noch) nicht beantwortet werden kann oder darf. Denn nicht immer lassen sich alle unsere Fragen beantworten. So kann es sein, dass die Antwort ein "Vielleicht" wäre oder das wir die Frage falsch gestellt haben. Manchmal ist es aus Sicht der Seele oder des Hohen Selbst auch ratsam, dass eine Person eine bestimmte Lernaufgabe erlebt, um daran zu wachsen, und daher kann oder darf eine Frage nicht beantwortet werden.

Hierfür lassen Sie sich noch eine dritte Pendelbewegung zeigen. Stellen Sie dazu die Frage: "Zeige mir ein Vielleicht oder Darf/kann-nicht-beantwortet-Werden!" Oder: "Welche (Pendel-)Bewegung bedeutet ein Vielleicht oder Darf/kann-nicht-beantwortet-Werden?"

Notieren Sie sich auch diesen Pendelausschlag. Es kommt vor, dass das Pendel für diese Abfrage einfach still stehen bleibt. Auch das ist in Ordnung.

Letzte Eintestung

Ein paar Standardabfragen vor dem Beginn der Pendelarbeit und entsprechende Auswertungen für Klienten haben sich als sehr hilfreich erwiesen. Diese lauten bei mir:

- Darf ich pendeln?
- Darf ich für Person X (Namen nennen) pendeln?
- Kann ich pendeln?
- Gibt es irgendeine Beeinflussung?

Diese Fragen sind deshalb sinnvoll, da es ja sein kann, dass Sie einen Klienten vor sich sitzen haben, dessen Seele oder dessen Lebensplan eine gewisse Lernerfahrung für ihn vorsieht. So könnte es beispielsweise sein, dass es für ihn darum geht,

Verantwortung zu übernehmen oder selbstständig Entscheidungen zu treffen. Dann wäre es kontraproduktiv, wenn Sie für ihn die Entscheidungen auspendeln würden.

Aber auch wir selbst als Pendler können von Zeit zu Zeit in unserer Pendelfähigkeit beeinträchtigt sein, was sich mit der dritten Frage herausfinden lässt. Solch eine Beeinträchtigung kann viele Gründe haben.

Ist es nicht die eigene Pendelfähigkeit, so kann es sein, dass die Person, für die wir pendeln möchten, der Sache gegenüber gar nicht aufgeschlossen ist. Oder sie ist mental so stark (auch Gedanken sind Energie), dass sie uns bewusst oder unbewusst beeinflussen würde.

Prüfen Sie noch einmal, ob Sie die Grundvoraussetzungen für die Pendelarbeit erfüllen.

Wenn Sie zu keinem Ergebnis gelangen, versuchen Sie es einfach zu einem späteren Zeitpunkt noch einmal.

Wenn das Pendel nicht pendeln will

Es kommt bei manchen Menschen vor, dass das Pendel einfach nur stillsteht. Es will einfach nicht in Schwingung kommen. Schauen Sie sich in diesem Fall noch einmal die Liste der Einflussfaktoren an, um vielleicht so die Ursache dafür herauszubekommen. Unter Umständen liegt es auch daran, dass Sie einfach zu erschöpft sind. Ein Stillstand kann aber auch bedeuten, dass einem Fragenden die Antwort verweigert wird, weil es aus Sicht der Seele oder des Hohen Selbst nicht sinnvoll wäre oder weil eine Lernerfahrung ansteht.

Vielleicht ist auch eines Ihrer Energiezentren aus dem Lot gekommen. In dem Fall können Sie Ihre Chakren reinigen und aufladen, denn eine

Ausbalancierung hilft dabei, die Pendelfähigkeit zu unterstützen. Wer mit Reiki arbeitet, kann die Chakren über das Handauflegen balancieren, oder vielleicht kennen Sie ja auch eine andere Methode. Diese dürfen Sie natürlich gerne anwenden.

Auch folgende mentale Gedankenübung kann helfen - Ihre Mentalkräfte können hier wahre Wunder bewirken. Stellen Sie sich einen wunderschönen Staubwedel in der Farbe des zu reinigenden Chakras vor, und visualisieren Sie, wie er alle Energie, die darin nicht mehr benötigt wird, ansaugt und herauszieht. Danach schütteln Sie Ihren Staubwedel im Freien oder über dem Boden aus und stellen sich vor, wie eine violette Flamme aus dem Boden alles, was da abfällt, neutralisiert. So gehen Sie in Gedanken alle Ihre Chakren durch. Im Anschluss können Sie Ihren Chakren sogar noch Energie zuführen, indem Sie Ihre Handflächen kräftig aneinanderreiben, bis sie warm sind, und Ihre Hände dann auf die gereinigten Chakren legen, bis der Wärmefluss vorbei ist. (Vielleicht müssen Sie die Handflächen zwischendurch neu durch Reibung aufladen.) Wenn Sie fertig sind, starten Sie einen neuen Pendelversuch.

Wenn Sie sich alle Ihre Pendelbewegungen notiert haben, kennen Sie nun Ihre persönliche Pendelsprache.

Jetzt machen wir eine weitere sehr wichtige Übung, die es Ihnen ersparen wird, unnötige Pendelfehlergebnisse zu produzieren.

Lassen Sie sich von Ihrem Pendel ein "Ja" anzeigen. Sagen Sie also in Gedanken oder laut "Zeige mir ein Ja!", und warten Sie, bis das Pendel in Ihre "Ja-Bewegung" geht.

Nun sagen Sie in Gedanken oder laut: "Ich bitte um neutrale Energie." Beobachten Sie, was Ihr Pendel nun macht. In der Regel wird es stehen bleiben, vielleicht geht es aber auch in eine Art Wartestellung und pendelt in einer anderen Richtung hin und her.

Wenn ich selbst Dinge auf "Ja" oder "Nein" austeste, benutze ich diesen Zwischenschritt. Sehr oft trennen Pendler ihre Fragen auf ihrem "geistigen Monitor" (damit meine ich die Konzentration auf eine Sache) nicht eindeutig, und die Pendelantworten vermischen sich oder das Pendel gibt keine klare Auskunft. Diese Übung wird Ihnen helfen, eine Frage nach der anderen bewusst abzuschließen und mit voller Konzentration zur nächsten Frage überzugehen.

Das Hohe Selbst

Als Hohes Selbst bezeichne ich die Ebene des Bewusstseins, die alle anderen Ebenen überblicken kann. Es ist die Instanz in uns, die unser Leben aus der "Vogelperspektive" betrachten kann, aus Sicht der geistigen Ebene, jenseits von Raum und Zeit, und die unseren Seelenplan kennt.

Mit der innerlichen Absicht, gut mit dem Hohen Selbst verbunden zu sein, stellen wir die Verbindung her, denn die Energie folgt der Aufmerksamkeit. Sie können sich auch in Gedanken oder laut sagen: "Ich verbinde mich jetzt mit meinem Hohen Selbst!" Achten Sie auf die kleinsten Impulse, die für Sie ein Zeichen darstellen können, nun wirklich ganz bewusst mit Ihrem Hohen Selbst verbunden zu sein.

Wenn Sie zukünftig auch für andere Personen austesten, so haben Sie die Möglichkeit, sich bewusst mit dem Hohen Selbst Ihres Testpartners zu verbinden. Es kann sehr hilfreich sein, sich auch mit dem Hohen Selbst von Testpersonen zu verbinden, da das Hohe Selbst Verhaltensempfehlungen gibt, die der Seelenentwicklung der Person entsprechen.

Nach der Testung sollten Sie jedoch die Verbindung zum Hohen Selbst der Testperson unbedingt bewusst trennen. Sie wird zwar nach und nach sowieso nachlassen, aber Sie wollen ja nicht mit der Person verbunden sein, wenn Ihre gemeinsame Sitzung beendet ist. Dazu reicht die innere Einstellung, dass die Verbindung nun getrennt ist - so wie Sie ein Telefonat beenden würden, indem Sie den Hörer auflegen oder die rote Taste drücken.

Für andere Menschen pendeln

Sie können für andere Menschen pendeln, wenn Ihnen diese ausdrücklich die Erlaubnis dazu gegeben haben. Ansonsten pendeln Sie aus selbstsüchtigen und niederen Motiven, das heißt, Sie mischen sich in etwas ein, das Sie nichts angeht, um die eigene Neugier zu befriedigen oder um andere Menschen zu beraten, ohne dass Sie darum gebeten wurden. Nur weil Sie etwas als richtig empfinden, muss es noch lange nicht richtig sein, und Sie sollten sich überlegen, ob Sie nicht einfach nur ein Helfersyndrom haben oder mit Wissen oder Ratschlägen glänzen möchten.

Eltern dürfen für ihre Kinder pendeln, solange sie noch nicht volljährig sind. Aber auch hier unterscheide ich, ob es Fragen sind, bei denen das Kind durchaus schon mit einbezogen werden könnte, oder nicht.

Manchmal kommt es vor, dass die Menschen, für die Sie pendeln möchten, nicht vor Ort bei Ihnen sein können. Es funktioniert auch, wenn Sie von diesem Menschen ein Foto haben oder seinen Namen und sein Geburtsdatum, am besten auch noch seine Adresse, wenn Sie kein inneres Bild zu dieser Person aufbauen können. Kennen Sie die Person, reicht es, sie in Gedanken vor sich zu sehen.

Richtig fragen

Die Antwort eines Pendels kann nur so gut sein wie die Fragestellung. Am Anfang ist es daher sinnvoll, sich seine Fragen aufzuschreiben, denn dabei fällt einem viel eher auf, ob die gestellte Frage sinnvoll ist und ob wir etwas Wichtiges vergessen haben zu fragen. Nur eine klare und unmissverständliche Fragestellung lässt eine klare Antwort zu.

Nehmen wir das nachstehende Beispiel: Jemand stellt zu seinem Wohnraum folgende Frage: "Steht das (mein) Bett gut?" Diese Frage lässt allerdings sehr viel Interpretationsspielraum. Passt es von der Raumaufteilung her? Steht es optimal in Bezug auf eventuelle Erdstrahlungen im Schlafzimmer? Wurde es richtig aufgebaut? Steht es nach Feng-Shui-Richtlinien am richtigen Platz?

Sie sehen schon an dieser simplen Frage, dass sie nur unzureichend gestellt wurde. Hier wären die richtigen Fragen (je nachdem, was ich erfahren möchte): Steht das Bett – energetisch gesehen (damit sind dann Feng-Shui und Erdstrahlung abgedeckt) – am optimalen Platz? Wurde das Bett stabil genug gebaut/richtig aufgebaut?

Hier noch ein paar Beispielfragen, wenn es um Lebensmittel geht. Nehmen wir an, Sie haben einen Apfel vor sich liegen. Mögliche Fragen zu diesem Apfel könnten sein:

- Reagiere ich allergisch auf diesen Apfel, wenn ich ihn jetzt esse? (Reagiert Person X allergisch auf diesen Apfel, wenn sie ihn jetzt isst?)
- Vertrage ich diesen Apfel, wenn ich ihn jetzt esse? (Verträgt Person X diesen Apfel, wenn sie ihn jetzt isst?)
- Stärkt dieser Apfel meinen Körper, wenn ich ihn jetzt esse? (Stärkt dieser Apfel den Körper von Person X, wenn sie ihn jetzt isst?)

- Schwächt der Verzehr dieses Apfels meinen Körper? (Schwächt der Verzehr dieses Apfels den Körper von Person X?)

Sie sehen, wie vielfältig hier schon die Fragen sein können. Doch gerade bei Nahrungsmitteln ist die richtige Abfrage sehr wichtig. Oft vertragen wir ein Lebensmittel nicht und denken, dass wir eine Allergie haben. Es kann aber auch eine Nahrungsmittelunverträglichkeit sein oder eine Unverträglichkeit von verschiedenen Nahrungsmittelkombinationen. So können weitere mögliche Fragen bei Lebensmitteln sein:

- Ist es gut für mich, eine größere Menge von dem Lebensmittel (Lebensmittel benennen) zu verzehren?
- Ist es gut für mich, weniger von dem Lebensmittel (Lebensmittel benennen) zu verzehren?
- Ist es besser für mich, das Lebensmittel (Lebensmittel benennen) nicht mehr zu verzehren?

- Ist es für meine Gesundheit besser, bestimmte Lebensmittelkombinationen (Lebensmittelkombinationen benennen), die ich zu mir nehme, zu vermeiden?
- Ist die Qualität des Lebensmittels (Lebensmittel benennen) für mich gut?
- Ist die Qualität des Lebensmittels (Lebensmittel benennen) für mich optimal?

Sicher fallen Ihnen noch weitere Varianten dazu ein.

Ist Ihnen der Unterschied der Fragequalität bei den letzten beiden Fragen aufgefallen? Etwas kann gut für Sie sein, was noch nicht bedeutet, dass es auch optimal für Sie ist. So kann Sie ein Apfel stärken, aber vielleicht gibt es ein Lebensmittel, das für den jetzigen Verzehr noch besser für Sie geeignet wäre.

Dazu möchte ich Ihnen Folgendes raten: Generell ist die Testung auf "optimal" natürlich immer die sinnvollste Abfrage. Es gibt jedoch Ausnahmen. Wenn ich beispielsweise an einem Sonntag ein Zipperlein habe, teste ich alle mir zur Verfügung stehenden Hilfsmittel durch. Da kann es durchaus sein, dass ein oder zwei Dinge auf "gut" testen, aber nicht auf "optimal". Ich frage dann weiter ab, ob es sinnvoll ist, beide Mittel anzuwenden, in welchen Zeitabständen, in welcher Anwendungsform. Da ich an einem Sonntag wahrscheinlich nicht die Möglichkeit habe, das optimale Mittel oder die optimale Heilsitzung zu bekommen, gebe ich mich mit "gut" zufrieden, was ich an einem Wochentag mit geöffneten Praxen oder Apotheken sicher nicht tun würde.

Formulieren Sie Ihre Fragen so einfach und kurz wie möglich. Vermeiden Sie zwei Fragen in einem Satz, wie zum Beispiel: "Ist es gut für mich, einen Apfel oder eine Birne zu essen?" Fragen Sie stattdessen: "Ist es gut für mich, einen Apfel zu essen?" Oder: "Ist es gut für mich, eine Birne zu essen?"

Kontaktaufnahme mit einem Testobjekt

Wenn Sie beispielsweise ein Nahrungs- oder Heilmittel austesten möchten, haben Sie verschiedene Möglichkeiten, mit ihm Verbindung aufzunehmen. Sie können beispielsweise einfach an den Apfel oder das Heilmittel denken, um das es Ihnen geht. Sie können es anschauen und verinnerlichen und dann austesten.

Sie können es aber auch mit Ihrer freien Hand berühren und mit der anderen Hand das Pendel halten und austesten.

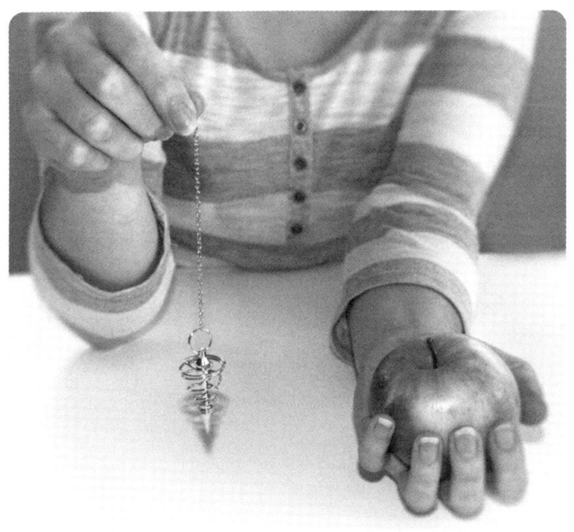

Für Personen können Sie pendeln, wenn diese bei Ihnen vor Ort sind, am Telefon oder Sie visualisieren diese Person vor Ihrem inneren Auge. Sie können auch ein Foto zu Hilfe nehmen. Hierfür ist es sinnvoll, dass die Person allein auf dem Bild zu sehen ist, damit Sie sich wirklich nur auf sie konzentrieren. Aber denken Sie wieder daran, dass Sie nur pendeln dürfen, wenn Sie die Einwilligung der Person dazu haben!

Wenn Sie den Menschen für die Austestung berühren möchten, fragen Sie vorher, ob es für ihn in Ordnung ist, denn es gibt sehr viele, denen Berührungen unangenehm sind.

Auch hier ist es wieder wichtig, dass Sie sich ausnahmslos auf das zu testende Objekt oder die Person konzentrieren.

Auspendeln von Gesundheitsthemen sowie von Heil- und Hilfsmitteln

Mit Fragen zur Gesundheit müssen Sie sehr verantwortungsbewusst umgehen! Generell dürfen Sie, sofern Sie kein Arzt oder Heilpraktiker sind, keine Diagnosen stellen und keine Empfehlungen für Heil- oder Hilfsmittel aussprechen! In der Regel kommen jedoch sowieso nur Menschen, die bereits beim Arzt in Behandlung sind, aber das Gefühl haben, dass es noch mehr zwischen Himmel und Erde gibt als die verordneten Medikamente – oder sie möchten den Sinn und die Ursache der Erkrankung verstehen. Viele Menschen kommen immer mehr zu der Auffassung, dass es so etwas wie Körper, Geist und Seele gibt, die in Einklang gebracht werden möchten.

Viele haben Angst davor, sich etwas auszupendeln, also die Verantwortung für sich selbst zu übernehmen. Nun, überdenken Sie Ihre Sichtweise in Ruhe ... Ich selbst versuche so lange wie möglich die Verantwortung für mich selbst zu übernehmen - und zwar auch durch die Arbeit mit dem Pendel. ABER ich gehe zur Vorsorge, ich gehe zum Zahnarzt. Ich weiß, dass ich, wenn ich Probleme mit der Blase oder den Nieren habe, meist ein Antibiotika brauche, wenngleich ich dann trotzdem austeste, was die Ursache für den Ausbruch der Infektion war, um sie in Zukunft möglichst zu verhindern. Ich halte unentwegt nach alternativen Heilmethoden Ausschau, gehe aber auch kein Risiko ein, vielleicht eine Niere zu verlieren, weil mein Ego mir einen Streich gespielt hat und ich bei einer Ja/Nein-Testung, ob es sinnvoll ist, zum Arzt zu gehen, mein *Wunschdenken* oder meine *Angst* ausgependelt habe! Die alternativen Heilmethoden und auch die spirituelle Heilarbeit geraten nicht selten in Verruf, weil Menschen eine anstehende und notwendige medizinische Betreuung zu lange hinausgezögert haben.

Rechtsdrehende und linksdrehende Energie

Es gibt für den Einstieg eine gute Testmöglichkeit, um herauszufinden, wie qualitativ hochwertig ein Lebensmittel oder ein energetisches Produkt ist.

Machen Sie sich im Kopf dafür frei von den Pendelbewegungen, die Ihnen Ihr Pendel bei einem "Ja", "Nein" oder "Vielleicht" anzeigt. Für diese Testmethode braucht es Ihre feste innere Überzeugung, dass - angenommen Sie testen für sich selbst - alles, was Ihnen guttut, eine rechtsdrehende Schwingung aufbaut, während alles, was Sie schwächt, eine linksdrehende Schwingung hat.

Gehen Sie nun zu Ihrem Testobjekt, zum Beispiel zu einem Glas Wasser aus dem Wasserhahn oder einem hochwertigen Quellwasser, und halten Sie einfach Ihr Pendel darüber. Das Pendel wird bei einem hochwertigen Wasser im Uhrzeigersinn drehen, das heißt in eine Rechtsdrehung übergehen. Bei einem schlechten Wasser geht es in eine Linksdrehung. So können Sie künftig austesten, ob etwas eine hohe und aufbauende Schwingung oder eine eher niedrige und energieziehende Schwingung aufweist.

Pendel linksdrehend

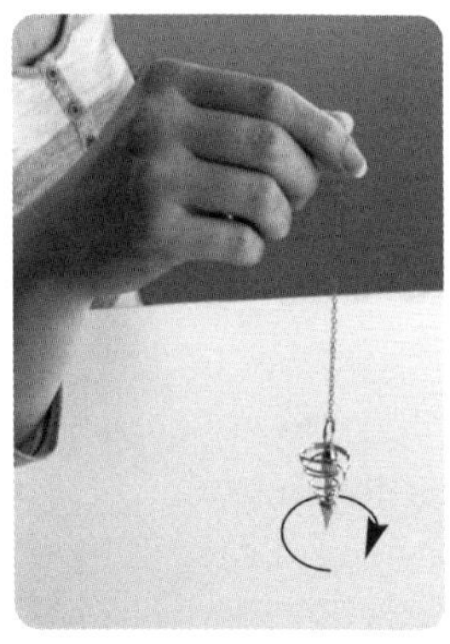

Pendel rechtsdrehend

Übung mit Obst und dem Tensor

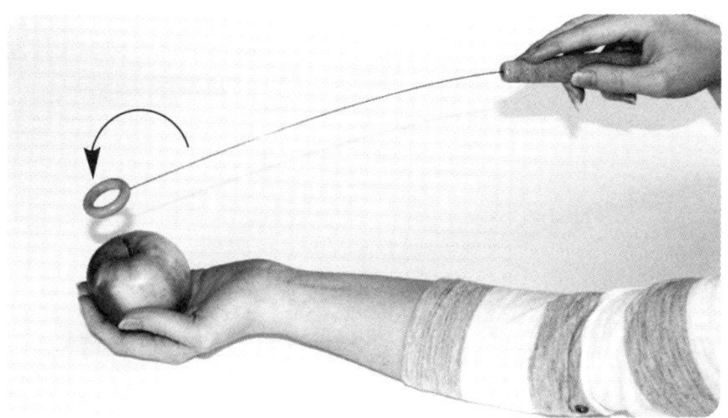

Tensor linksdrehend

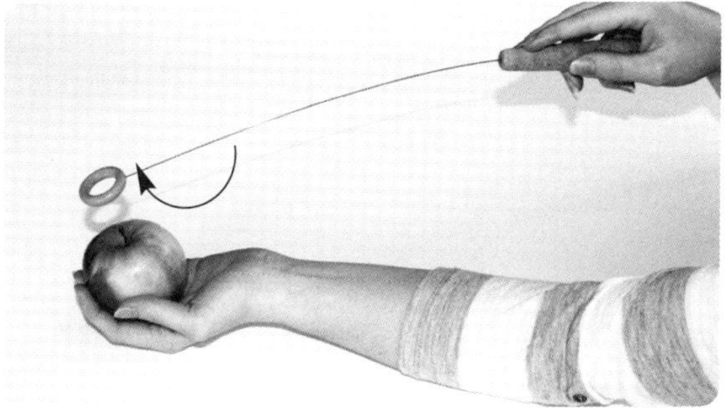

Tensor rechtsdrehend

Pendeln mit Testlisten und Pendeldiagrammen

Bisher haben Sie gelernt, mithilfe von Ja/Nein-Befragungen Dinge zu klären oder den Energiewert durch links- oder rechtsseitige Drehungen festzustellen. Um schnell Antworten und Hinweise zu finden, ist es sehr hilfreich, mit Testlisten oder Pendeldiagrammen zu arbeiten. Solche Testlisten können Sie sich sehr einfach selbst herstellen. Im Grunde sind Inhaltsverzeichnisse von Büchern, in denen Sie möglicherweise Antworten auf Ihre Fragen finden, hervorragend dazu geeignet. Mit ihnen können Sie auch mit dem Tensor arbeiten, der für die Pendeldiagramme ja nicht geeignet ist.

Nehmen wir an, Sie haben ein Buch über Edelsteine und möchten wissen, auf welcher Seite Sie den Edelstein finden, der Sie optimal bei der Verbesserung Ihres Energiehaushaltes, Ihrer Lebensfreude oder bei was auch immer unterstützen kann. Hier können Sie mit den folgenden Fragestellungen gute Ergebnisse erzielen:

- Finde ich in diesem Buch einen Edelstein, der mich bei der Lösung meiner Blockade (Blockade benennen) unterstützt?
- Finde ich in diesem Buch einen Edelstein, der mich in meiner Entwicklung positiv unterstützt?
- Finde ich in diesem Buch mehrere Edelsteine, die mich bei der Lösung meiner Blockade unterstützen?
- Finde ich in diesem Buch mehrere Edelsteine, die mich in meiner Entwicklung positiv unterstützen? (Denn es ist ja nicht gesagt, dass nur ein Edelstein für Sie infrage kommt!)

Wenn hier ein Nein kommt, brauchen Sie nicht weiter mit dem Edelsteinbuch zu arbeiten. Ich gehe jetzt aber einfach mal davon aus, dass Sie ein Ja testen, um das Beispiel fortzuführen. Die Befragung ist grundsätzlich auch mit jedem anderen Buch möglich, egal ob es ein Buch über Kräuter, Aromaöle, Aura-Soma, Bachblüten, Heilmethoden, Engel, ... ist.

Nehmen wir an, das Buch hat 30 Seiten.

Sie fragen: Liegt die Antwort zwischen Seite 1 und 30?

Bei Ja: Liegt die Antwort zwischen Seite 1 und 15?

Bei Nein: Liegt die Antwort zwischen Seite 16 und 30? Dann müsste hier jetzt ein Ja kommen, wenn Sie vorher getestet haben, dass es einen Edelstein gibt, der Ihnen helfen kann.

Verstehen Sie die Vorgehensweise? Sie halbieren erst die Liste. Dann fragen Sie ab, ob Ihre Antwort in der ersten oder in der zweiten Hälfte der Testliste liegt. Wenn zweimal ein Ja kommt, gibt es mehrere Antworten, die zutreffen. Auch das ist möglich. Dann fragen Sie aus der ersten Hälfte oder auch aus der zweiten Hälfte wieder nur die Hälfte der Zahlenreihe ab. Danach halbieren Sie wieder.

Beispiel: Liegt die Antwort zwischen Seite 1 und 15? Bei Ja folgt dann die Frage: Liegt die Antwort zwischen Seite 1 und 8, bei Ja folgt die Frage: Liegt die Antwort zwischen Seite 1 und 4? Dann können Sie sogar fragen: Ist es Seite 1, 2, 3 oder ist es Seite 4? Vielleicht kommt nur einmal ein Ja, vielleicht treffen aber auch mehrere Antworten zu, so dass sie zweimal oder dreimal ein Ja bekommen.

Liegt die Antwort zwischen Seite 1 und 15? Bei Nein folgt dann die Frage: Liegt die Antwort zwischen Seite 16 und 30, bei Ja folgt die Frage: Liegt die Antwort zwischen Seite 16 und 23: Bei Ja weiter wie oben - mit einer weiteren Eingrenzung -, bei Nein folgt die Frage: Liegt die Antwort zwischen Seite 17 und 30? Und so weiter ...

So können Sie jedes Buch zu einer Testliste machen oder Listen mit Aufzählungen durchnummerieren und als Testliste verwenden.

Wichtig: Diese Austestungsmöglichkeit haben Sie auch für die Testlisten, die Sie ab Seite 104 in Verbindung mit den Pendeldiagrammen finden.

Achtung: Zwischen jeder Frage sollten Sie um neutrale Energie bitten oder zumindest Ihr Pendel in eine ruhige Stellung bringen, damit eine klare Abgrenzung zwischen den einzelnen Fragen stattfindet.

Wenn wir jetzt von der Tatsache ausgehen, dass ein Edelstein etwas über Blockaden im seelischen, geistigen oder körperlichen Bereich aussagen kann, wäre auch eine andere Fragestellung möglich wie zum Beispiel:

Auf welcher Seite des Buches finde ich den Edelstein, der etwas über eine mir noch nicht bewusste Blockade aussagt?

Dann fragen Sie wie soeben beschrieben die Seitenzahl oder Nummer ab.

Sollten sich mehrere Steine auf einer Seite befinden, fragen Sie diese nacheinander ab, indem Sie mit dem Finger Ihrer freien Hand auf den ersten Stein auf der Seite zeigen und fragen: "Ist es der (Stein benennen)?" Wenn ein Ja kommt, fragen Sie, ob es auf dieser Seite noch einen weiteren Stein gibt, der Ihnen eine Blockade aufzeigt, Sie können auch fragen, ob es noch einen weiteren Stein gibt, der Ihnen helfen kann. Wenn ein Nein kommt, fragen Sie die anderen Steine auf dieser Buchseite mit der gleichen Vorgehensweise ab.

Zum Abschluss können Sie noch folgende Fragen stellen:

- Habe ich mit diesem Edelstein (dieser Edelsteinmischung) das optimale Hilfsmittel für mich (für Person X) gefunden?
- Habe ich mit diesem Edelstein (dieser Edelsteinmischung) das zurzeit bestmögliche Hilfsmittel für mich (für Person X) gefunden?
- Entspricht mein Pendelergebnis der besten Lösung für mein Problem?

Der Vorteil dieser Abfrage liegt ganz klar darin, dass Sie Ihr Wunschdenken nicht in das Pendelergebnis einbringen können - es sei denn, Sie hätten das Buch mit all seinen Seiteninhalten auswendig gelernt.

Teil 3:

Pendeldiagramme

Pendeldiagramme

Pendeldiagramme ermöglichen eine extrem schnelle Austestung. Auf den nachstehenden Seiten finden Sie daher einige Übungsdiagramme für die Arbeit mit dem Pendel. Natürlich können Sie alternativ auch anhand der Zahlenreihe die Lösung austesten, aber vielleicht haben Sie auch Freude an der Arbeit mit Pendeldiagrammen. Die Zahlenreihen sind zudem eher für die Arbeit mit dem Tensor geeignet, da Sie schlecht mit ihm über dem Diagramm testen können.

Wenn Sie mit Pendellisten/Testlisten/Pendeldiagrammen arbeiten, kann es sein, dass mehrere der aufgeführten Antworten auf eine Frage zutreffen können. Sie können Ihr Pendel zunächst befragen, ob die Testliste, die Sie vorliegen haben, eine Antwort auf Ihre Frage enthält. Sie bekommen dann entweder ein Ja oder ein Nein angezeigt. Sie können danach weiterfragen, ob mehrere Antworten auf Ihre Frage zutreffen; dann schauen Sie wieder, ob Sie ein Ja oder ein Nein auspendeln.

Die kürzeste Vorgehensweise wäre, dass Sie die Frage im Stillen oder laut stellen, die zu dem Pendeldiagramm passt, und schauen, welche Antwort kommt. Genauso können Sie das natürlich auch mit der bereits auf Seite 92 ff. beschriebenen Abfragetechnik machen. Dann halten Sie das Pendel an, indem Sie kurz auf den Mittelpunkt des Diagrammes gehen und das Pendel mit der Spitze quasi darauf ablegen. Anschließend nehmen Sie es erneut in die Pendelhaltung und schauen einfach, ob noch eine weitere Antwort kommen will. Das machen Sie so lange, bis das Pendel einfach still über dem Mittelpunkt stehen bleibt und sich nicht mehr rührt. Dann wissen Sie, dass keine weitere Antwort mehr möglich ist.

Egal, ob Sie mit der bereits erlernten Abfragetechnik von Seite 92 ff. arbeiten oder mit den Pendeldiagrammen* - lesen Sie sich die möglichen Fragestellungen zu den aufgeführten Testlisten durch und legen Sie los, ohne sich die Antworten zu verinnerlichen beziehungsweise Ihren Fokus auf einer Antwort zu haben. Sonst pendeln Sie unter Umständen Ihre Wunschantworten aus, weil Ihnen bestimmte Antworten besonders angenehm erscheinen. Das ist auch der Grund, warum ich die Kreissegmente in den Pendeldiagrammen nicht direkt mit der Antwort versehen habe, sondern Sie die Antwortlisten dazu separat vorfinden.

Schwingt das Pendel so, dass Sie zwei gegenüberliegende Segmente gleichzeitig auspendeln, merken Sie sich beide Ziffern, nehmen das Pendel vom Diagramm weg und testen auf ein Ja oder ein Nein. Sie fragen: Ist es die Ziffer (Ziffer benennen)? Wenn ein Nein kommt, fragen Sie als Kontrolle nach der zweiten Ziffer.

---

* *Die Pendeldiagramme auf den folgenden Seiten können Sie sich auch vergrößert auf DIN-A4 als PDF-Datei über folgende Webseite herunterladen: www.silberschnur.de/bonus/pendeldiagramme*

Testlisten für Ihre Selbsterkenntnis, Bewusstseinserweiterung und Heilung

Die folgende Liste können Sie immer dann verwenden, wenn bei den übrigen Listen das Resultat "Ungültiges Ergebnis" erscheint.

Ungültiges Ergebnis

1. Aura/Energiefeld nicht intakt
2. Darf zurzeit nicht beantwortet werden
3. Voreingenommene Fragestellung

4. Es liegt keine passende Antwort auf der Pendeltafel vor
5. Konzentrationsmangel
6. Innere Unruhe
7. Falsche Fragestellung
8. Unlautere Absicht
9. Mangelndes Interesse
10. Energiemangel
11. Störende Schwingungen/Strahlungen
12. Übermüdung
13. Ungeduld
14. Unterzucker
15. Wassermangel
16. Verkrampfung
17. Fehlendes Vertrauen in die Antwort
18. Reine Neugier
19. Egoistische Einstellung
20. Antwort könnte seelisch/geistig nicht angemessen verarbeitet werden
21. Anderes

Ungültiges Ergebnis

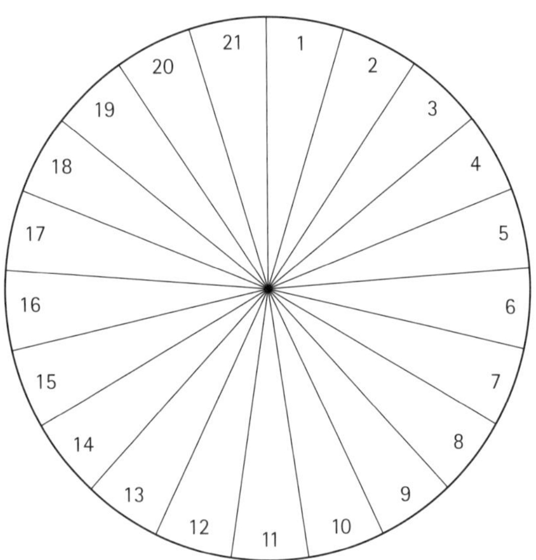

Das Pendel lässt sich hervorragend für das persönliche Wachstum und die Bewusstseinsarbeit einsetzen. Wer es schafft, Klarheit über sein Leben zu bekommen, und wer anfängt, die universellen Gesetze zu verstehen, gelangt zu Gelassenheit, innerer Ruhe, innerem Frieden und Freude. All das sind Attribute, die uns stressfreier leben lassen. Es ist erwiesen, dass das Brett vor unserem Kopf sinnbildlich immer größer wird, je mehr Stress wir haben. Wer aber geistig wachsen möchte, braucht Möglichkeiten, den Stress zu reduzieren. Daher beinhaltet dieses Buch einige Testlisten, die Ihnen aus Sicht Ihrer Seele Hinweise auf Ihren Entwicklungsweg und Lösungsmöglichkeiten für Ihre Situation geben. Sie finden aber auch einige Fragetechniken, mit deren Hilfe Sie gezielt gesundheitliche Aspekte abfragen können.

Beispielfragen zu den nächsten sechs Testlisten:

- Welche Vorgehensweise ist für mich jetzt ratsam?
- Welche Vorgehensweise ist für Person X (Person benennen) jetzt ratsam?
- Wie verhalte ich mich in der Situation (Situation benennen) am sinnvollsten?
- Wie verhalte ich mich gegenüber der Person X am sinnvollsten?
- Wie verhält sich Person X in der Situation am sinnvollsten?
- Wie verhält sich Person X gegenüber Person Y am sinnvollsten?
- Welches Verhalten bringt mich in meiner Situation jetzt weiter?
- Welches Verhalten bringt Person X in ihrer Situation jetzt weiter?
- Welches Verhalten gilt es, aus Sicht meines Hohen Selbst jetzt zu entwickeln?
- Welches Verhalten gilt es, aus Sicht des Hohen Selbst von Person X jetzt zu entwickeln?

Testliste "Sinnvolles Verhalten/ sinnvolle Vorgehensweise" – Teil 1

1. Abschied nehmen
2. Abwehrhaltung aufgeben
3. Agieren
4. Aktiv sein
5. Alltagsaufgaben erfüllen
6. Als Bindeglied fungieren
7. Alte Ängste bewusst anschauen und ablegen
8. An das Gelingen glauben
9. An sich glauben
10. Andere motivieren
11. Andere so akzeptieren, wie sie sind
12. Anderen Menschen helfen
13. Angriffen nicht ausweichen
14. Angst, nicht gemocht zu werden, überwinden
15. Auf andere eingehen
16. Auf das Gefühl achten

17. Auf das konzentrieren, was Freude und Interesse weckt
18. Aufgabe zu Ende führen
19. Aufgeschlossen sein
20. Aufrichtig sein/Unehrlichkeit vermeiden
21. Aussöhnen
22. Bedingungslos lieben
23. Begabung einsetzen
24. Ungültiges Ergebnis
25. Anderes

Sinnvolles Verhalten/ sinnvolle Vorgehensweise (1)

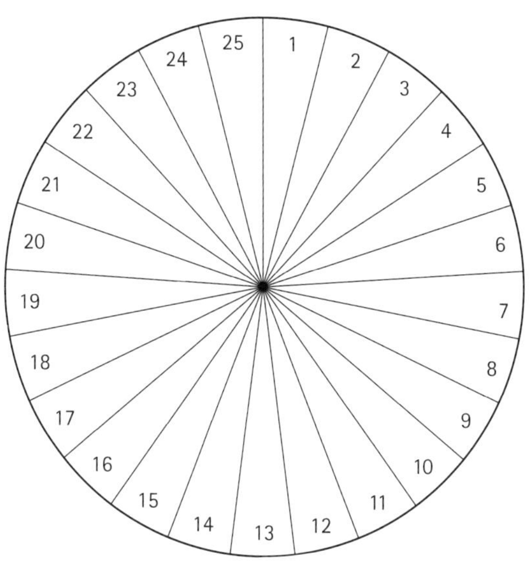

Testliste "Sinnvolles Verhalten/ sinnvolle Vorgehensweise" - Teil 2

1. Bei der eigenen Meinung bleiben
2. Beratung und Hilfe suchen
3. Bereitwillig helfen
4. Besinnen
5. Besitzdenken vermeiden
6. Bestimmte Verpflichtungen abgeben
7. Dauerhafte Verbindungen schaffen
8. Dem Körper Erholung bieten
9. Dem Verlangen nach Freiheit nachgehen
10. Die Situation akzeptieren
11. Diskutieren
12. Disziplin entwickeln
13. Eigene Blockade/Hemmung überwinden
14. Eigene Grenzen erkennen
15. Eigene Wege gehen
16. Eigenes selbstzerstörerisches Verhalten erkennen
17. Eigene Ziele herausfinden

18. Eigenen Bedürfnissen Ausdruck verleihen
19. Eigenständig und unabhängig denken
20. Einander liebevoll begegnen
21. Eindeutige Haltung einnehmen
22. Entschlossen handeln
23. Entspannen
24. Erfahrungen austauschen
25. Erfahrung sammeln
26. Ungültiges Ergebnis
27. Anderes

Sinnvolles Verhalten/ sinnvolle Vorgehensweise (2)

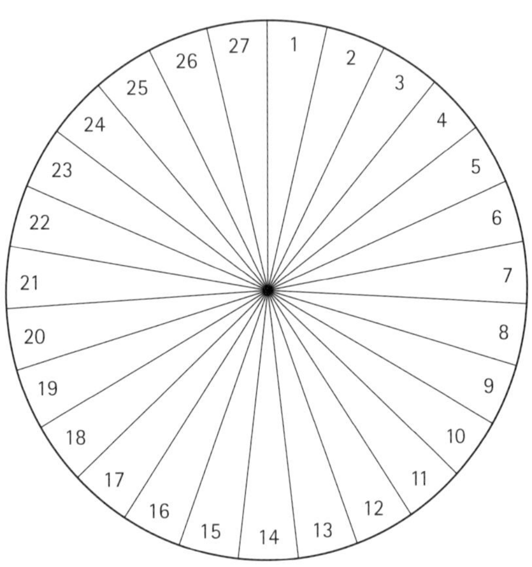

Testliste "Sinnvolles Verhalten/ sinnvolle Vorgehensweise" – Teil 3

1. Fair bleiben
2. Fanatismus vermeiden
3. Finanzen regeln
4. Freigiebig handeln
5. Frieden bewahren
6. Für die eigene Vorstellung eintreten
7. Für eine glückliche Verbindung bereit sein
8. Geben und nehmen lernen
9. Geduldig sein/werden
10. Gefühlvoll vorgehen
11. Gelassen bleiben
12. Gelegenheiten sinnvoll nutzen
13. Genießen
14. Gewohnte und vertraute Wege verlassen
15. Glück schätzen lernen
16. Großzügig sein
17. Gut informiert sein
18. Handlung überdenken

19. Herzlich sein
20. Hilfe annehmen
21. Hingabe entwickeln
22. Hinhaltetaktik vermeiden
23. Ideen umsetzen
24. Im Hier und Jetzt leben
25. Innere Kraft entwickeln
26. Innere Reserven mobilisieren
27. Innere Schreckensbilder loslassen
28. Ungültiges Ergebnis
29. Anderes

Sinnvolles Verhalten/ sinnvolle Vorgehensweise (3)

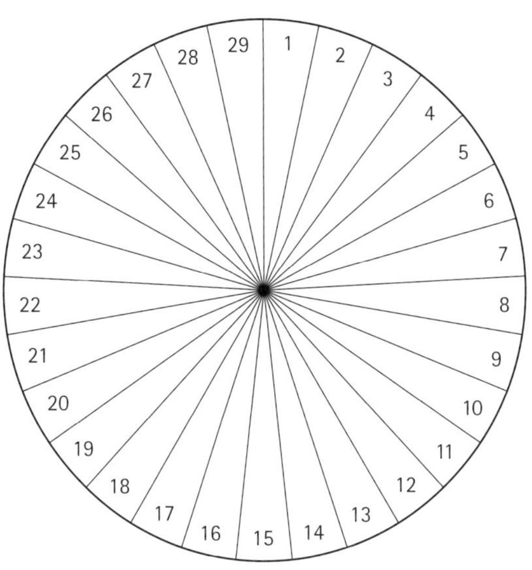

Testliste "Sinnvolles Verhalten/ sinnvolle Vorgehensweise" – Teil 4

1. Keine Risiken eingehen
2. Klare Verhältnisse schaffen
3. Kompromisse schließen
4. Konfliktbewusstsein zeigen
5. Kontaktfreudig sein
6. Kontrolle der Gefühle aufgeben
7. Konzentrieren
8. Körperliche Bedürfnisse erfüllen
9. Kraft sammeln
10. Kreativ sein
11. Krise als Chance zur Weiterentwicklung sehen
12. Langfristig planen
13. Langsamer vorgehen
14. Lebensfreude entwickeln
15. Leid und Schmerz entschlossen überwinden
16. Lernen loszulassen

17. Liebevolle Beziehung genießen
18. Liebevolles Verständnis aufbringen
19. Menschen zur Seite stehen
20. Mitgefühl entwickeln
21. Mut zum Handeln aufbringen
22. Natürlichen Begabungen mehr Beachtung schenken
23. Neue Aufgabe erkennen
24. Neuen Schwung in die Beziehung bringen
25. Neues Vertrauen entwickeln
26. Nicht irreführen lassen
27. Nicht provozieren lassen
28. Ungültiges Ergebnis
29. Anderes

Sinnvolles Verhalten/ sinnvolle Vorgehensweise (4)

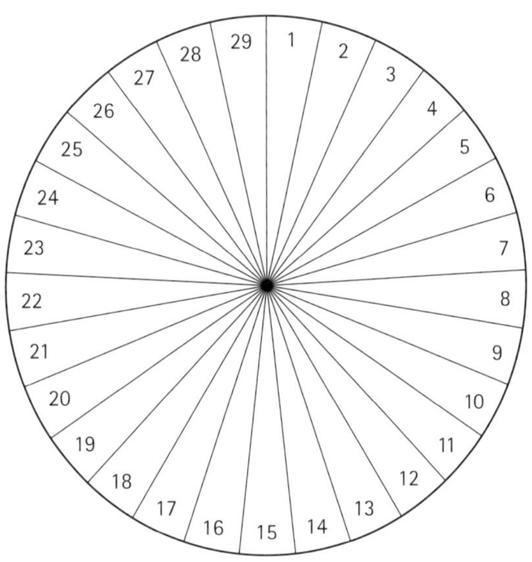

Testliste “Sinnvolles Verhalten/ sinnvolle Vorgehensweise” – Teil 5

1. Optimistisch bleiben
2. Reagieren
3. Realistisch bleiben
4. Realitätssinn entwickeln
5. Reife und Gelassenheit finden
6. Ressourcen effektiv nutzen
7. Rücksichtsvoll sein
8. Ruhig bleiben
9. Schritt für Schritt vorgehen, nichts übereilen
10. Schuldgefühle loslassen
11. Selbstbewusst sein/werden
12. Selbstliebe entwickeln
13. Seiner Intuition vertrauen
14. Sich abnabeln und befreien
15. Sich anstrengen
16. Sich aus Abhängigkeiten lösen
17. Sich aus kräftezehrenden Beziehungen lösen
18. Sich durchsetzen

19. Sich gegenseitig unterstützen
20. Sich Konflikten/einer Konfrontation stellen
21. Sich nicht ausnutzen lassen
22. Sich selbst treu bleiben
23. Sich Zeit zum Trauern nehmen
24. Sich zurücknehmen
25. Streitigkeiten aus dem Weg gehen
26. Sturheit vermeiden
27. Tatsachen ins Auge sehen
28. Toleranz zeigen
29. Ungültiges Ergebnis
30. Anderes

Sinnvolles Verhalten/ sinnvolle Vorgehensweise (5)

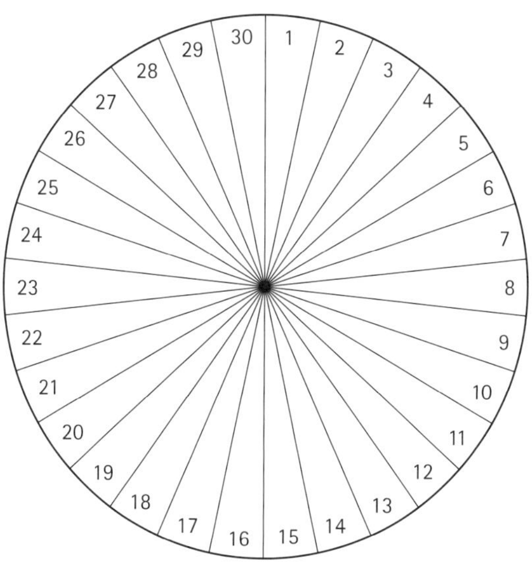

Testliste "Sinnvolles Verhalten/ sinnvolle Vorgehensweise" - Teil 6

1. Trennung akzeptieren
2. Treu sein
3. Überlegt handeln
4. Überzeugt sein
5. Umdenken
6. Umsorgen
7. Unerschrocken auf Neues zugehen
8. Unternehmungslustig sein
9. Verantwortung abgeben/delegieren
10. Verlustängste überwinden
11. Vernunft walten lassen
12. Versagensängste überwinden
13. Verzichten
14. Vital sein
15. Vorurteilsfrei bleiben
16. Willensstark sein
17. Wohlstand schätzen
18. Wohlwollend sein

19. Wünsche offen zeigen
20. Sich Zeit lassen
21. Zeit sinnvoll nutzen
22. Zur Ruhe kommen
23. Zusammen Pläne schmieden
24. Zuverlässig sein
25. Zuversichtlich sein
26. Ungültiges Ergebnis
27. Anderes

Sinnvolles Verhalten/ sinnvolle Vorgehensweise (6)

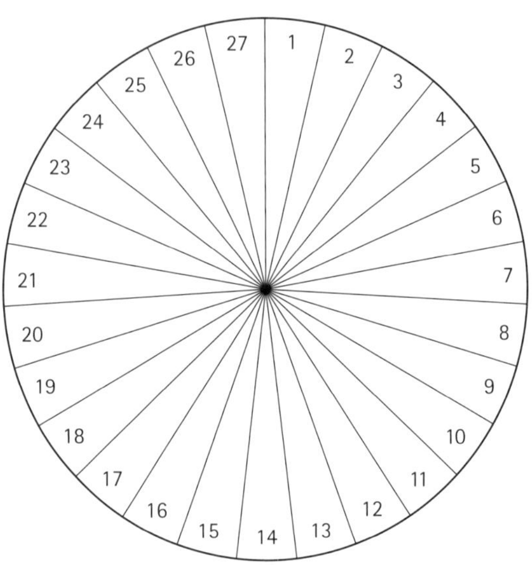

Testliste "Was blockiert mich unbewusst?" - Teil 1

Was hindert mich unbewusst daran, … (Situation benennen, zum Beispiel Berufswechsel) anzugehen?

1. Alte Gewohnheiten
2. Angst vor Ablehnung
3. Angst vor Ärzten
4. Angst vor Auseinandersetzungen
5. Angst vor Autorität
6. Angst vor bestimmten Personen
7. Angst vor bestimmten Tieren
8. Angst vor dem Verlassenwerden
9. Angst vor einer Schwangerschaft
10. Angst vor Energieverlust
11. Angst vor falscher (medizinischer/ alternativer) Behandlung
12. Angst vor geistigen Energien
13. Angst vor Gerede
14. Angst vor Konflikten
15. Angst vor Konkurrenz

16. Angst vor Nähe
17. Angst vor Neuem
18. Angst vor neuem Kummer
19. Angst vor einer Niederlage
20. Angst vor Operationen
21. Angst vorm Scheitern
22. Angst vor Unbekanntem
23. Angst vor einem möglichen Unfall
24. Angst vor Veränderung
25. Angst vor Verletzung (seelisch oder körperlich)
26. Angst vor Rufschädigung
27. Angst vor Zurückweisung
28. Angst, alte Verletzungen erneut zu erleben
29. Ungültiges Ergebnis
30. Anderes

Was blockiert mich unbewusst? (1)

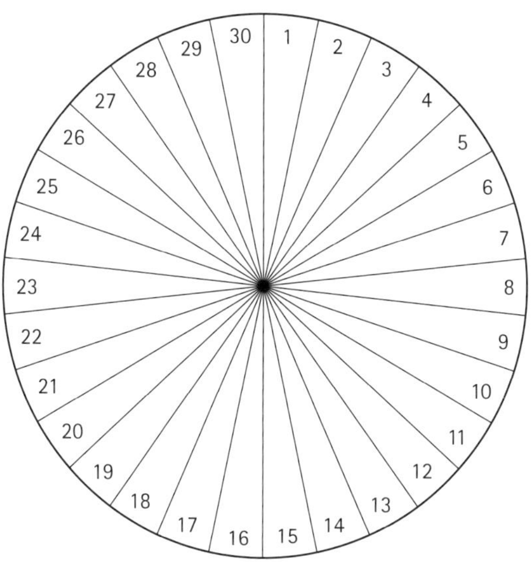

Testliste "Was blockiert mich unbewusst?" - Teil 2

Was hindert mich unbewusst daran, ... (Situation benennen, zum Beispiel Berufswechsel) anzugehen?

1. Angst, die Arbeit zu verlieren
2. Angst, arm zu sein/zu werden
3. Angst, Aufmerksamkeit auf sich zu ziehen
4. Angst, ausgelacht zu werden
5. Angst, dass Traum/Erwartung nicht in Erfüllung geht
6. Angst, das, was sich einem zeigt, (geistig) nicht verarbeiten zu können
7. Angst, den eigenen Körper richtig zu spüren
8. Angst, die Kontrolle zu verlieren
9. Angst, Sexualität zu leben
10. Angst, die wahren Gefühle zu zeigen
11. Angst, dominiert zu werden
12. Angst, eine Entscheidung treffen zu müssen

13. Angst, einsam zu sein/zu werden
14. Angst, Erwartungen (anderer) nicht erfüllen zu können
15. Angst, Gefühle zu zeigen
16. Angst, Geld zu verlieren
17. Angst, Gewalt zugefügt zu bekommen
18. Angst, keine Arbeit zu finden
19. Angst, keinen Partner zu finden
20. Angst, die Kontrolle zu verlieren
21. Angst, krank zu werden
22. Angst, nein zu sagen
23. Angst, Neues zu lernen
24. Angst, nicht bedingungslos geliebt zu werden
25. Angst, nicht frei zu sein
26. Angst, nicht für sich sorgen zu können
27. Angst, nicht geliebt zu werden
28. Angst, nicht gemocht zu werden
29. Ungültiges Ergebnis
30. Anderes

Was blockiert mich unbewusst? (2)

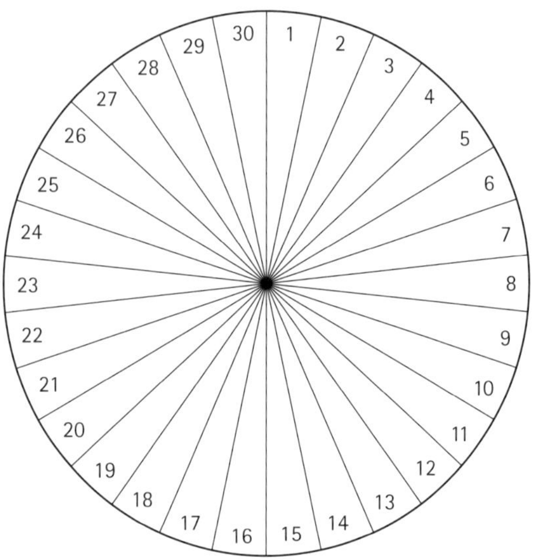

Testliste "Was blockiert mich unbewusst?" - Teil 3

Was hindert mich unbewusst daran, ... (Situation benennen, zum Beispiel Berufswechsel) anzugehen?

1. Angst, nicht genug Geld zu haben
2. Angst, nicht genug Zeit zu haben
3. Angst, nicht gesehen zu werden
4. Angst, nicht willkommen zu sein
5. Angst, nicht zu gefallen
6. Angst, die Prüfung nicht zu bestehen
7. Angst, sich zu binden
8. Angst, um Hilfe zu bitten
9. Angst, Verantwortung zu übernehmen
10. Angst, verfolgt zu werden
11. Angst, verraten zu werden
12. Angst, Vertrautes aufgeben zu müssen
13. Angst zu verlieren
14. Angst zu versagen
15. Die Anwesenheit vieler Menschen

16. Helfersyndrom, Aufopferung
17. Hilflosigkeit
18. Intoleranz
19. Neid, Eifersucht
20. Opferhaltung
21. Pessimismus
22. Schlechtes Gewissen
23. Selbsthass, Selbstanklage
24. Selbstmitleid
25. Trauer oder Kummer
26. Übernommene Glaubensmuster
27. Übernommene Weltanschauung
28. Ungeduld
29. Ungültiges Ergebnis
30. Anderes

Was blockiert mich unbewusst? (3)

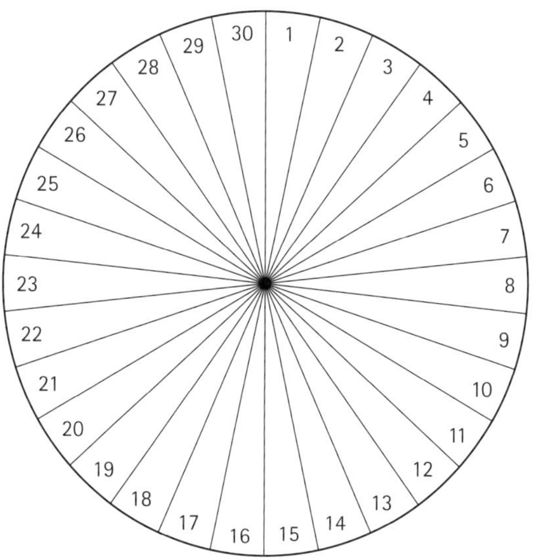

Testliste Traumdeutung

Wir alle träumen, nur erinnert sich nicht jeder von uns an seine Träume - oder zumindest nicht regelmäßig. Dabei wurde die Traumdeutung bereits in der Antike für therapeutische Zwecke genutzt. Denn in der Schlafphase haben Sie Zugang zu Ihrer Seele, und Ihre Glaubenssätze, die Sie tagsüber beeinflussen, sind inaktiv. Im Traum können Sie also erfahren, um was es Ihrer Seele wirklich geht. Ich selbst betreibe aktive Traumarbeit, das heißt, ich nutze meine Träume auch zur Befragung bestimmter Situationen. Das lässt sich erlernen.

Manchmal träumen wir auch und können uns absolut keinen Reim darauf machen, welche Botschaft der Traum für uns hatte. Die Nutzung herkömmlicher Traumsymbole ist dann nicht immer hilfreich. Denn träume ich von einer hohen Welle, bedeutet das für mich eher Panik, den Boden unter den Füßen verlieren, die Kontrolle verlieren. Für einen Wellenreiter wäre es dagegen sicher gleichbedeutend mit Spaß, Freude, Action. Unten finden Sie eine Stichwortliste, die Ihnen helfen kann, die Richtung zu erkennen, auf die Ihr Traum abzielt.

Botschaften Ihrer Träume

Zu allen folgenden Pendeltafeln sind verschiedene Fragestellungen möglich. Werden Sie kreativ! Für das nächste Diagramm finden Sie noch einmal verschiedene Beispielfragen:

- Um was ging es in meinem letzten Traum?
- Um was geht es zurzeit schwerpunktmäßig in meinen Träumen?
- Um was ging es in dem beschriebenen Traum von Person X (Person benennen)?
- Auf was möchte mich der Traum, an den ich gerade denke, hinweisen?

1. Abhängigkeiten
2. Abwechslung
3. Arbeit
4. Aufräumen/Ausmisten/Loslassen
5. Ausruhen
6. Bedingungslose Liebe
7. Bekleidung
8. Berufswechsel
9. Bewegung
10. Bildung/Fortbildung
11. Entspannung
12. Ernährung
13. Ruhe
14. Familie
15. Freizeitaktivitäten
16. Fremde Kulturen kennenlernen
17. Aktivitäten, die Freude bringen
18. Gegenwart
19. Geschäftsbeziehungen
20. Gesundheit

21. Inneres Kind
22. Kommunikation
23. Kontakte
24. Körperfürsorge
25. Kommunikation
26. Krankheitssymptome
27. Kreativität
28. Kultur
29. Leistungen
30. Liebe
31. Musik
32. Natur
33. Ortswechsel
34. Partner
35. Partnerschaft
36. Rat/Warnungen
37. Reisen
38. Religiöse Gefühle
39. Seelenverbindung
40. Spiritualität

41. Tagesroutine
42. Übersinnliche Fähigkeiten
43. Umgang mit anderen
44. Umgebung
45. Urlaub
46. Veränderungen - überprüfe deine Glaubenssätze
47. Wahrnehmung
48. Wohnraum
49. Zivilcourage
50. Zukunft
51. Zwischenmenschlichkeit
52. Ungültiges Ergebnis
53. Anderes

Traumbedeutung (1)

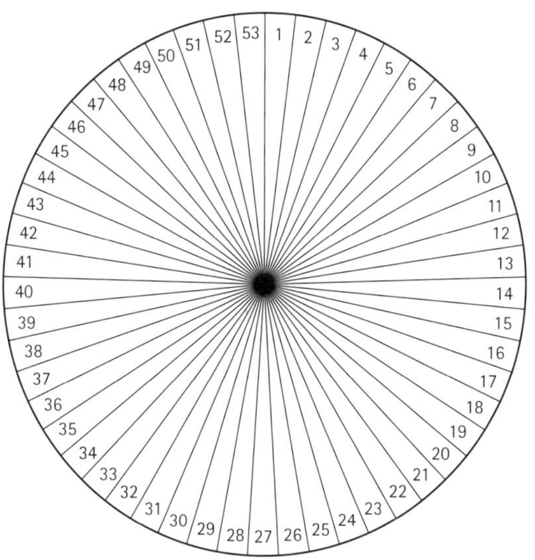

Nehmen Sie das Wort und überlegen Sie, was es für Sie bedeutet. So kann es sein, dass das Wort "Ruhe" Ihnen den Impuls gibt, in einer Situation Ruhe zu bewahren - oder aber Sie sollten mehr Ruhe in Ihr Leben bringen.

Bedeutung eines Traums

Wir können auch fragen, welche Bedeutung ein Traum hatte:

Welche Bedeutung hatte mein letzter Traum (oder den Traum benennen, um den es geht)?

1. Erkenntnis
2. Erinnerung
3. Angsttraum
4. Ausdruck von Sehnsüchten
5. Wunschtraum
6. Etwas Unterdrücktes zeigt sich
7. Etwas Verdrängtes zeigt sich
8. Hinweis
9. Vorwarnung

10. Beruhigung
11. Bestätigung
12. Vorhersage
13. Ankündigung
14. Nachricht einer verstorbenen Person
15. Anweisung
16. Ermahnung
17. Hilfe
18. Rückschau
19. Erlebnisverarbeitung
20. Tadel
21. Anderes
22. Ungültiges Ergebnis

Traumbedeutung (2)

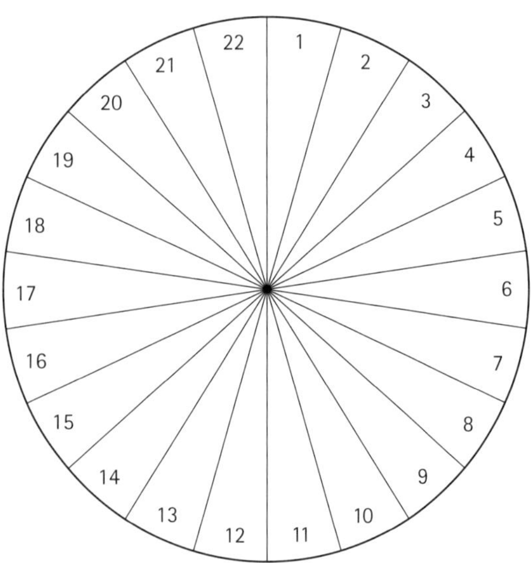

Testlisten zu Emotionen und Gefühlen

Welche Emotionen und Gefühle in mir blockieren den Energiefluss in meinem Körper und meinem Energiefeld?

1. Stolz
2. Verachtung
3. Angeberei
4. Wut
5. Hass
6. Aggression
7. Verlangen
8. Gier

9. Angst
10. Kummer
11. Trauer
12. Apathie
13. Hoffnungslosigkeit
14. Schuld
15. Scham
16. Bosheit
17. Erniedrigung
18. Schande
19. Anderes
20. Ungültiges Ergebnis

Welche Emotionen und Gefühle blockieren den Energiefluss in meinem Körper?

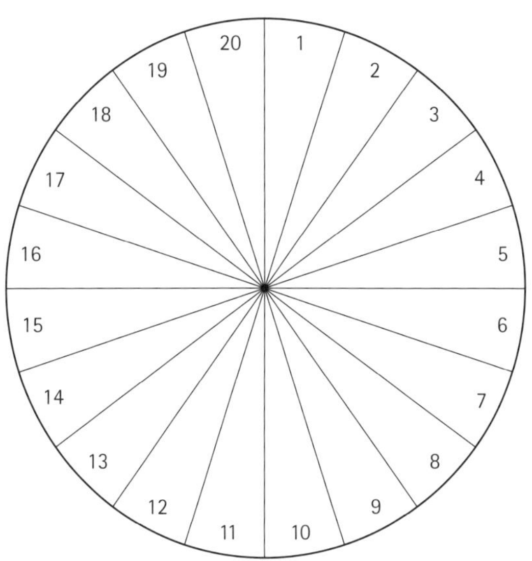

Bedenken Sie, dass Sie durch Akzeptanz, Verständnis, Optimismus, Zuversicht, Neutralität, Mut, Liebe, Dankbarkeit und Frieden zu einem erfüllteren Leben gelangen können. Diese Eigenschaften lassen zu, dass wir ein hohes geistiges Energieniveau erreichen können. Es sind Entwicklungsprozesse, Lern- und manchmal Lebensaufgaben.

Jetzt können Sie die Gegenfrage stellen:

Die Entwicklung welcher Eigenschaft bringt mich auf ein höheres Energieniveau?

1. Frieden
2. Glückseligkeit
3. Freude
4. Liebe
5. Bedingungslose Liebe
6. Verehrung
7. Dankbarkeit
8. Vernunft
9. Verständnis

10. Akzeptanz
11. Bereitwilligkeit
12. Optimismus
13. Zuversicht
14. Neutralität
15. Mut
16. Eigenverantwortung
17. Anderes
18. Ungültiges Ergebnis

Die Entwicklung welcher Eigenschaft bringt mich auf ein höheres Energieniveau?

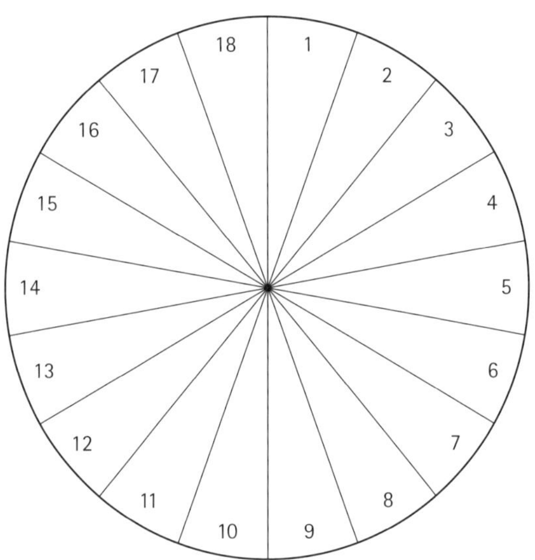

Die 100-Prozent-Testliste

Diese Testliste ist sehr vielseitig einsetzbar und meines Erachtens unentbehrlich.

Für Ihre Fragestellungen ist es notwendig, dass Sie immer davon ausgehen, dass 100 Prozent der maximal erreichbare Wert für Ihre Testung sind. Ich habe die Liste in 5-Prozent-Schritten aufgebaut. Wenn Sie ganz exakt testen möchten, empfiehlt sich die Vorgehensweise, die auf Seite 92 ff. beschrieben wurde.

	Prozente
1.	5
2.	10
3.	15

4. 20
5. 25
6. 30
7. 35
8. 40
9. 45
10. 50
11. 55
12. 60
13. 65
14. 70
15. 75
16. 80
17. 85
18. 90
19. 95
20. 100
21. Anderes
22. Ungültiges Ergebnis

Prozente

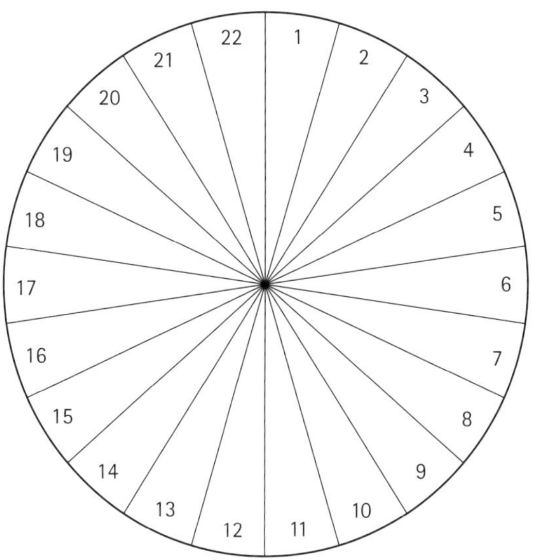

Hilfreiche Beispielfragen zu diesem Diagramm:

Pendelfähigkeit:

- Wie hoch ist meine Pendelkraft, wenn 100 Prozent optimal sind?

Lebensenergie:

- Wie hoch ist meine derzeitige Lebensenergie, wenn 100 Prozent optimal sind?
- Wie hoch ist die Lebensenergie von Person X (Namen nennen, sofern Sie die Zustimmung zur Austestung haben!)?
- Um wie viel Prozent lässt sich meine Lebensenergie mit der Heilmethode (Heilmethode benennen) in einer Sitzung aufladen?

Lebensmittel:

- Wie hoch ist der Nährwert dieses Apfels (oder anderes Lebensmittel benennen), wenn der optimale Nährwert 100 Prozent sind?

Strahlenbelastung:

- Um wie viel Prozent lässt sich die Erdstrahlenbelastung mit dem Hilfsmittel (Hilfsmittel benennen) an dem Ort (Ort benennen, zum Beispiel: "an meinem derzeitigen Schlafplatz") reduzieren?

- Um wie viel Prozent lässt sich die Elektrosmog-Belastung mit dem Hilfsmittel (Hilfsmittel benennen) an dem Ort (Ort benennen) reduzieren?

Energiezentren/Chakren:

- Vorabfrage ohne Diagramm mit Ja/Nein-Testung:
- Fehlt meinem Chakra (Chakra benennen) Lebensenergie?
- Bei "Ja" fragen Sie über der Prozenttafel ab: Wie viel Prozent Energie fehlen meinem Chakra (Chakra benennen)?

Körperliches Unwohlsein:

- Wie hoch ist meine körperliche Beeinträchtigung zurzeit in Prozent? (Gehen Sie bei der Frage davon aus, dass Sie mit 100 Prozent gesund und fit wären!)

Für spätere Nachfragen sollten Sie sich eine Abfrage zurechtlegen, die Ihnen logisch erscheint. Ich schlage folgende Abfragevorgehensweise vor:

Angenommen, vor einer Woche, also bei Ihrer ersten Testung, kamen 40 Prozent heraus, was bedeutet, dass Ihre Beeinträchtigung 40 Prozent betrug. Sie können nun fragen: Wie hoch ist meine körperliche Beeinträchtigung heute, wenn ich mit 100 Prozent gesund und fit wäre? Wenn Sie jetzt 30 Prozent testen würden, wäre das eine Verbesserung um 10 Prozent für Sie.

Organe:

- Wenn meine Nieren mit 100 Prozent optimal arbeiten, wie hoch ist zurzeit die Leistungsfähigkeit meiner Nieren?
- Wenn meine Leber mit 100 Prozent optimal arbeitet, wie hoch ist zurzeit die Leistungsfähigkeit meiner Leber?

Skelett:

- Wenn meine Knochendichte mit 100 Prozent optimal ist, wie hoch ist meine derzeitige Knochendichte?

- Zu wie viel Prozent ist meine Beweglichkeit im (zum Beispiel Nacken) zurzeit eingeschränkt?
- Wie viel Prozent Verbesserung bringt mir die Heilmethode (Methode benennen) für meinen (zum Beispiel Nacken)?

Schlusswort

Nun sind wir am Ende des Buches angelangt. Ich gebe zu, zahlreiche weitere Testlisten wären interessant gewesen - und natürlich gibt es noch viel mehr Möglichkeiten, mit dem Pendel zu arbeiten. Aber es ging von Anfang an um ein Einsteigerwerk für die Pendelarbeit. Ich hoffe trotzdem, dass Sie schon jetzt erkannt haben, wie umfangreich Sie alles Mögliche austesten können, und vor allem hoffe ich, dass Sie hiermit eine Hilfe zur Selbsthilfe gefunden haben. Auf jeden Fall wünsche ich Ihnen von Herzen viel Erfolg und viele hilfreiche Lösungen!

Über die Autorin

Sabine Kühn arbeitet als Autorin, Aura-Fotografin und unterrichtet neben zahlreichen Pendeltechniken und Reiki verschiedene Selbsthilfemethoden. Wichtig ist ihr hierbei, dass die Methoden möglichst eine Hilfe zur Selbsthilfe, einfach in der Anwendung, alltagstauglich, zeiteffizient und zwanglos sind sowie Freude bringen.

www.sabinekühn.de

Sabine Kühn & Andrea Hülpüsch

Das Praxisbuch des Pendelns 1

Für alle Lebensfragen.
Mit 116 Pendeldiagrammen.

Mithilfe eines Pendels oder Tensors können Sie Ihr Unterbewusstsein jederzeit nach Antworten befragen. Diese umfangreiche Sammlung an Pendeltafeln bietet Lösungshilfen für nahezu jedes Problem, welches Ihnen im Alltag begegnet.
Die beiden versierten Autorinnen erklären einfach und verständlich den richtigen Umgang mit dem Pendel, für welche Fragestellungen es geeignet ist und wie man sie am besten formuliert.

288 Seiten, 2-farbig, Hardcover mit verdeckter Spiralbindung
ISBN 978-3-89845-557-2 · € [D] 36,00

Sabine Kühn & Andrea Hülpüsch

Das Praxisbuch des Pendelns 2

Für Gesundheit und ein starkes Immunsystem.
Mit 143 Pendeldiagrammen.

Der Folgeband bietet zahlreiche attraktive Testlisten rund um den Schwerpunkt »Gesundheit und ein starkes Immunsystem«. Zudem sind die Listen ein wertvolles Werkzeug für alle therapeutisch arbeitenden Anwender. Zusätzlich finden Sie Affirmationen, Chakrenanalysen und eine Chakrenmeditation zur Stressbewältigung und energetischen Hilfe.

336 Seiten, 2-farbig, Hardcover mit verdeckter Spiralbindung
ISBN 978-3-96933-072-2 · € [D] 36,00

Sabine Kühn

Aura für Einsteiger

sehen · lesen · stärken

Jeder Mensch kann Aura sehen und lesen – auch ohne über mediale Begabungen zu verfügen. Mit den einfachen Anleitungen und praktische Übungen aus diesem Buch lernen Sie schnell und einfach, feinstoffliche Aspekte von Menschen wahrzunehmen und die Aura zu lesen und zu deuten, ja sogar zu stärken. Auralesen wird eine Bereicherung für Ihr Leben sein: Es unterstützt Entscheidungen, stärkt das Selbstvertrauen und bringt Harmonie in zwischenmenschliche Konflikte.

192 Seiten, Farbteil, broschiert · ISBN 978-3-89845-407-0 · € [D] 8,00

Ulla Knoll & Sabine Kühn

Praktische Traumarbeit

Verändern Sie mithilfe Ihrer Träume Ihr Leben. Träume gelten schon seit der Antike als Wegweiser und Quelle des Wissens, die allen Menschen zugänglich ist, die gelernt oder verstanden haben, ihre Träume richtig zu interpretieren und zu nutzen. In diesem Buch lernen Sie, Traumarbeit aktiv in den Alltag zu integrieren und dadurch Lösungen für Ihre Probleme zu finden. Identifizieren Sie Ihre persönlichen und beruflichen Träume, und setzen Sie sie um. Gewinnen Sie Klarheit über das, was Sie erreichen wollen in Ihrem Leben.
Traumarbeit wie Sie sie noch nicht kennen!

160 Seiten, broschiert · ISBN 978-3-89845-396-7 · € [D] 8,00

Sabine Kühn

Einstieg in die Geomantie

Die Kraft des Lebensraumes nutzen

Sabine Kühn bietet einen leichten Einstieg in die Geomantie und zeigt Ihnen, wie Sie Energien wahrnehmen und bestimmen können und die Qualität einer Gegend oder eines Lebensraumes erkennen. Sie lernen, Disharmonien zu erkennen und wieder in die richtige Schwingung zu bringen – in Einklang mit dem, was der Ort braucht. Für die Anwendung in Ihrem eigenen Zuhause bietet Sabine Kühn praktische und erprobte Anleitungen, um Ihre Wohnraumenergien zu verändern, bis Sie sich wohlfühlen.

160 Seiten, 4-farbig, broschiert mit abger. Ecken · ISBN 978-3-89845-525-1 · € [D] 11,00

Indu Arora

Das große Buch der Mudrās

Heilende Übungen für Körper und Seele

Indu Arora ist eine Yoga-Meisterin, Yoga-Therapeutin, ayurvedische Klinikmedizinerin und Autorin mit langjähriger Lehrerfahrung. Mit diesem Buch eröffnet sie uns die Welt der Mudrās. Oder in ihren Worten: »Ich möchte mit Ihnen die Weisheit des Yoga und Ayurveda teilen, die Einfachheit in unser kompliziertes Leben bringt. In Harmonie mit unserer inneren Natur und der Natur als solcher zu leben, bringt uns Gesundheit. Nichts hat eine größere Macht, uns zu heilen, als das Selbst!«

416 Seiten, mit farbigen Abbildungen, Flexocover · ISBN 978-3-89845-554-1 · € [D] 36,00

Anjana Gill

Die perfekte Wunschformulierung

Der Teufel steckt im Detail

Werde zum echten Formulierungsprofi.
Je perfekter die Wunschformulierung, umso schneller die Erfüllung.
Wenn manche Aufträge ans Universum bisher nicht erfüllt wurden, dann kann das auch an der Formulierung liegen – denn Vorsicht, der Teufel steckt im Detail.
10 Regeln für deine perfekte Wunschformulierung – jetzt klappt's auch mit der Erfüllung.
Du und das Universum – alles ist möglich

160 Seiten, 2-farbig, broschiert · ISBN 978-3-96933-010-4 · € [D] 8,00

Franziska Krattinger

Die Kraft der 144 Schalt- und Machtworte

Es ist schwer, eingefahrene Wege zu verlassen und wirklich etwas in seinem Leben zu verändern.
Die 144 wirkungsvollen Karten mit Schalt- und Machtworten helfen dabei, denn sie erwecken die uns innerwohnende positive Macht zur selbstbestimmten Veränderung von Situationen und Vorhaben. Eines dieser Worte genügt bereits, um einen unterbrochenen energetischen Fluss wieder zum Laufen zu bringen und so alles zum Besten zu lenken!
Schalten auch Sie einfach um – und beobachten Sie die positiven Veränderungen in Ihrem täglichen Leben. Sie haben WIRKLICH die Macht dazu!

144 Karten mit Kurzanleitung, inkl. Miniposter, in Box · EAN 4260075280-28-8 · € [D] 19,95